THEATERBIBLIOTHEK

Heiner Müller
Gesammelte Irrtümer 3
Texte und Gespräche

Verlag der Autoren

Die Deutsche Bibliothek – CIP-Einheitsaufnahme
Gesammelte Irrtümer : Texte und Gespräche / Heiner Müller. –
Frankfurt am Main : Verl. der Autoren
3 (1994)
ISBN 3-88661-150-7
NE: Müller, Heiner

© Verlag der Autoren, Frankfurt am Main 1994
Alle Rechte vorbehalten, insbesondere das Recht des Nachdrucks in Zeitschriften oder Zeitungen, des öffentlichen Vortrags, der Übertragung durch Rundfunk, Fernsehen oder Video, der Übersetzung auch einzelner Textteile.
Gesamtherstellung: dvg, Darmstadt
Printed in Germany

INHALT

Der Heiner wollte nicht kommen
*Statt eines Vorworts: Ein Stück in zwei Aufzügen
von Gabriele Goettle*   9

Plädoyer für den Widerspruch   34

Nicht Einheit sondern Differenz
Gespräch mit Patrik Landolt   37

Es kommen viele Leichen zum Vorschein
*Gespräch zwischen Ulrich Mühe, Heiner Müller
und Hilmar Thate mit Michael Merschmeier*   45

Ohne Hoffnung, ohne Verzweiflung
Gespräch mit »Der Spiegel«   70

Jetzt sind wir nicht mehr glaubwürdig
Gespräch mit Jeanne Ophuls   76

Waren Sie privilegiert, Heiner Müller
Gespräch mit Robert Weichinger   83

Dunkles Getümmel ziehender Barbaren   92

Jetzt ist da eine Einheitssoße
*Gespräch mit Hellmuth Karasek,
Matthias Matussek und Ulrich Schwarz*   94

Eine Tragödie der Dummheit
Gespräch mit René Ammann   109

Bautzen oder Babylon   121

Was wird aus dem größeren Deutschland
Gespräch mit Alexander Weigel   123

Ich bin kein Held, das ist nicht mein Job
*Gespräch mit Rüdiger Schaper und
C. Bernd Sucher* — 129

Das Scheitern, das den Siegern bevorsteht — 137

Das war fast unvermeidlich
Gespräch mit Stephan Speicher — 139

Drogenbekämpfung — 146

Zehn Deutsche sind dümmer als fünf
Gespräch mit Uwe Wittstock — 148

Die Küste der Barbaren — 168

Ich war und bin ein Stück DDR-Geschichte — 172

Die Hysterie der Macht — 175

Erklärung — 177

Es gibt ein Menschenrecht auf Feigheit
Gespräch mit Thomas Assheuer — 179

Stalingrad war eigentlich das Ende der DDR
Gespräch mit Detlev Lücke und Stefan Reinecke — 196

Geschichtssprünge
*Gespräch zwischen Valentin Falin und
Heiner Müller mit John Goetz* — 205

Für immer in Hollywood
Gespräch mit Frank Raddatz — 214

Register — 233

Werke Heiner Müllers — 238

Gesammelte Irrtümer 3

»Woran arbeiten Sie?«, wurde Herr K. gefragt.
Herr K. antwortete »Ich habe viel Mühe,
ich bereite meinen nächsten Irrtum vor.«
Bertolt Brecht

Der Heiner wollte nicht kommen
Stück in zwei Aufzügen von Gabriele Goettle

Aufzeichnung aus einem Gespräch zwischen Heiner Müller, Elisabeth Kmoelniger und Gabriele Goettle für »Tageszeitung«, 7. 1. 1989

PERSONEN
EIN DRAMATIKER
EINE KÜNSTLERIN
EINE AUTORIN

Arbeitszimmer voller Bücher, Bilder und Möbel. Zusammengerückt stehen ein Feldbett, ein übergroßer blauer Sessel und eine Chaiselongue. In Erwartung des Gastes brennt eine Kerze. Ein kleines kaltes Buffet steht bereit, ebenso Whiskey, Wein, Gläser und Aschenbecher.

I

Herein Autorin und Dramatiker

DRAMATIKER Sieht ja so eng aus bei euch.
AUTORIN Ist auch eng.
DRAMATIKER Aha . . . *Legt Tasche, Mantel und Jackett ab; nimmt Platz im blauen Sessel, die Beine übereinanderschlagend.*
AUTORIN Und, was treibst du?
DRAMATIKER Ach, hör auf! Das ist so eine Scheiße mit dem Theater . . .
AUTORIN Warum hörst du denn nicht auf damit?
DRAMATIKER Also ja, gut . . . aber ich habe mich nun mal drauf eingelassen – jetzt zum Beispiel ist wieder ein Schauspieler krank, das heißt Umbesetzungsproben und so weiter . . .

AUTORIN Mach doch mal was anderes, du hast doch was anderes auch noch gelernt.
DRAMATIKER *lacht verhalten* Nee, gelernt hab ich nichts, ich war mal Hilfsbibliothekar, aber das war nur, um mich vor dem Uranbergbau zu drücken ...
AUTORIN Und was ist denn nun für deinen Geburtstag geplant, was werden da für Ehrungen niedergehen über dir?
DRAMATIKER Ach du, furchtbar. *Lacht, schenkt sich Whiskey ein.* Es ist nicht viel ... es gibt eine Gratulation der Akademie. Man kann sowas auch ablehnen, nur, das nützt auch nichts, dann kommen sie in die Wohnung. Man steht eben zwei Stunden, dann hat man's hinter sich.
AUTORIN Und im Westen?
DRAMATIKER ... ich weiß nichts ... vielleicht ist da gar nichts geplant.
AUTORIN Was soll's denn auch? Was ist denn am 60sten besser als am 50sten ...
DRAMATIKER ... oder am 61sten ...

Die Tür öffnet sich, herein die Künstlerin.

KÜNSTLERIN Hallo. Du schon wieder!
DRAMATIKER Ich schon wieder ...
AUTORIN Es ist wirklich schrecklich, überall fällt man über dich! Unlängst zum Beispiel, wir wollten nur weg, weg, weg. Fahren also ins Elsaß, um eine Freundin zu besuchen. Nur war sie nicht da. Auf Umwegen sind wir dann doch endlich ins Haus reingekommen und finden in der Küche einen Kalender, auf dem steht für den bewußten Tag eingetragen: »Strasbourg, DER MANN IM FAHRSTUHL, 20 Uhr«. Ist das nicht ekelhaft?
DRAMATIKER *lacht* Ja, das ist ekelhaft!

AUTORIN Und dann kam sie am nächsten Tag, die ganze Wucht der Ereignisse noch im Nacken – übermüdet, weil sie nachts nicht schlafen konnte ...

DRAMATIKER Wegen Strasbourg?

KÜNSTLERIN Natürlich wegen Strasbourg. Du hast Whiskey getrunken auf der Bühne, und, was besonders irritierte, du hattest braune Schuhe an ...

DRAMATIKER Volltrunken war ich aber nicht auf der Bühne ... nur halb ... *Nimmt eine Zigarre aus seinem Etui.* ... Und das mit den braunen Schuhen ... die mußte ich mir am Flughafen kaufen, meine anderen waren kaputt, und sie hatten keine schwarzen. Das geht noch weiter: Wegen dieser Schuhe hab' ich mir dann in Moskau die Hand gebrochen. Es war so, das waren italienische Schuhe, die haben sich im Schnee dort gleich aufgelöst, damit bin ich dann hingefallen. *Präpariert umständlich seine Zigarre, beleckt sie usw.* Das war dann eine große Erfahrung, dort, im Ambulatorium für Ausländer ... sie haben die Hand geröntgt und entdeckt, sie ist gebrochen. Eine Ärztin sagte mir, es sei eine kleine Fraktur. Als ich das nächste Mal dort war, war nur der Chefarzt da. Der sagte mir, es sei ein böser Bruch, und er versuchte mir dann beizubringen, alles in Englisch, das beste Rezept wäre ...

KÜNSTLERIN Schuhe wechseln!

DRAMATIKER Nein: Quark. Jeden Tag 250 Gramm Quark essen. Und dann war ich wieder hier, nachdem der Gips ab war, wurde ich geröntgt, und sie haben verzweifelt einen Bruch gesucht und keinen gefunden. Es war also eine Verstauchung ...

KÜNSTLERIN Das war also die Geschichte der braunen Schuhe.

DRAMATIKER *raucht die Zigarre in tiefen Zügen an* Ein tiefer Blick in mein Privatleben. *Pause* Braune Schuhe, ja ... also ich werde das nächste Mal sorgfältig darauf achten ...

DRAMATIKER ... daß du immer braune Schuhe trägst ...
DRAMATIKER *lacht* Ich hab mal blaue Schuhe gehabt, auch aus Italien, dunkelblaue ... die waren einfach nur bequem. Ich wurde sofort in der U-Bahn in Ost-Berlin als »schwule Sau« bezeichnet.
KÜNSTLERIN Ich geh jetzt rüber, arbeiten, ich muß noch zwölf Bildchen zeichnen heute nacht.
DRAMATIKER Komm aber noch mal vorbei, sonst fällt uns nichts ein!
DRAMATIKER Eben. Sie hat nämlich alles gelesen ...
KÜNSTLERIN Das stimmt doch gar nicht! Ich lese nur deine Prosa, die Theatersachen sind mir unerträglich!
DRAMATIKER *lacht* Das ist doch schon mal was, das ist doch eine gute Voraussetzung.

Künstlerin geht eilig ab.

AUTORIN Es ist ja nicht unbedingt nötig, daß wir über deine Stücke reden. Ich kenn' sie nicht, und du kennst sie auswendig, das ist langweilig genug ...
DRAMATIKER Überhaupt nicht, wir können auch über was anderes reden ... *Schenkt sich nach, lautes Gluckern in die Stille hinein.*
AUTORIN Überlassen wir es den Liebhabern und Interpreten ... das einzige, was mich noch begeistern könnte, wäre Grand Guignol ... oder Kasperle ... ansonsten interessieren mich Theater nicht, man könnte sie alle schließen ...
DRAMATIKER Du nimmst jetzt den Standpunkt der Puritaner ein, die haben ja alle Theater geschlossen ...
AUTORIN Sie werden ja sowieso geschlossen, weil man Krebs kriegt ...
DRAMATIKER *lacht* Ich fand das auch sehr erfreulich.
AUTORIN Noch erfreulicher wäre es, wenn man sie nicht schließen würde.

DRAMATIKER *kleine Pause* Na, ich möchte nicht wissen, wieviel Asbest in unseren Theatern ist ...
AUTORIN Wer weiß ... das ist ja ein Rohstoff ...
DRAMATIKER ... und der war vielleicht bei uns doch etwas knapp. *Lacht.*
AUTORIN Gesunde Knappheit ...
DRAMATIKER ... ist die Chance der Unterentwicklung! Das ist auch immer so schön, wenn ich Westbesuch kriege. Die kaufen dann in der Markthalle Mohrrüben und freun sich, daß die so dreckig sind ... glauben, daß man die noch essen kann ...
AUTORIN Die sind natürlich genauso giftig wie hier, wenn nicht giftiger ...
DRAMATIKER Genau, die freun sich über jeden Dreck!
AUTORIN Jedenfalls hier ... ist der Theaterbesuch sowohl unnütz als auch ungesund, aber du glaubst es ja nicht ...
DRAMATIKER *lacht* Du, ich kann das einfach öffentlich nicht bestätigen, ohne meine Einnahmen zu schädigen.
AUTORIN Da irrst du dich ... du kannst ja unterdessen sagen, was du willst, es wird auf jeden Fall tiefsinnig interpretiert. Nur keine Hemmungen!
DRAMATIKER Nee, hab ich gar nicht *lacht* ... ich hab einfach den Moment verpaßt, wo ich hätte anfangen müssen zu schweigen ...
AUTORIN Der Beckett hat das schlauer gemacht ...
DRAMATIKER Nur, das nutzt ihm auch nichts. Wenn man sieht, was mit Beckett gemacht wird im Theater ... es ist furchtbar!
AUTORIN Und was er selbst macht, ist, glaub ich, nicht weniger furchtbar ...
DRAMATIKER Das ist auch furchtbar! Ja ... ja ... leider – wobei das einen Grund hat. Er hat ja angefangen zu inszenieren in Deutschland. Da ist er irgendwie, vielleicht aufgrund von Sprachschwierigkeiten, in

den deutschen Tiefsinn gesunken. Die Stücke sind ja alle sehr lustig und komisch ... wenn man sie so macht, sind sie sehr schön, jedenfalls die ersten. In der Bundesrepublik ist eigentlich sein Weltruhm erst entstanden, und zwar dadurch, daß man ihm den deutschen Tiefsinn übergestülpt hat. Das hat er nie so gemeint ... nachher hat's ihm dann gefallen so ...

AUTORIN Das ist vielleicht eine Gefahr, der du auch nicht wirst entgehen können.

DRAMATIKER ... auch ein Grund dafür, weshalb ich meine Sachen jetzt selbst inszeniere, die Stücke werden viel einfacher ...

AUTORIN Selbst zu inszenieren gilt ja als sehr unfein.

DRAMATIKER Ja ... ja, man liest im allgemeinen, wenn der Autor seine eigenen Stücke inszeniert hat, daß er lieber beim Schreiben hätte bleiben sollen. Das stimmt sicher in vielen Fällen ... ich krieg ja die Lust nur *lacht* wenn ich andere Inszenierungen sehe.

AUTORIN Sag mal ... was anderes ... jetzt wirst du ja 60, bist auf dem Zenit und abgesichert bis ins hohe Alter ... das möglicherweise kommt oder auch nicht ... rührt sich da noch was?

DRAMATIKER *lacht nervös* Du, was meinste denn jetzt ...?

AUTORIN Na ja, das feimt ja alles sehr ab, das Alter und der Erfolg!

DRAMATIKER ... weiß ich nicht ... es ist doch so, das Schreiben wird ja nicht leichter, es wird eher schwerer. Erst mal ... es hat keinen Sinn, wenn man nicht immer wieder etwas macht, was man doch nicht kannst ... oder etwas versucht zu machen, was man nicht kann. Wenn ich aber sage, ich hab das und das geschrieben, das kann ich, also mach ich das noch mal – das ist so ein Zwang, dem hier viele erliegen, weil sie ihren Standard halten müssen und dem Marktzwang unterworfen sind – das hat gar keinen

Sinn. Anders ist es, wenn ich meine Hauptexistenz in der DDR absolviere, dann gibt es diesen Zwang nicht. Und es ist eigentlich immer so, wenn ich was Neues anfange, daß ich dann vollkommen an mir zweifle. Immer gibt es einen Punkt, wo ich überzeugt bin, daß ich's nicht kann. Und es ist überhaupt nicht so, daß der Erfolg eine Sicherheit gibt. Er beruht ja auf einem Mißverständnis ...

AUTORIN Er müßte ja viel unsicherer machen als man es ohnehin schon ist ...

DRAMATIKER Eben! Das meine ich ... ich war mit 25 viel sicherer, als ich es jetzt bin. Und die Krisen, in die man kommt, wenn man nicht weiterkommt mit einer Sache ... es gibt so einen religiösen Wahn im Hinterkopf, daß ich, wenn ich einen Plan habe, ihn auch ausführen kann ... aber bei der Arbeit entstehen Situationen, wo dieser Glaube nicht mehr ausreicht, wo ich dann von totalen Zweifeln überfallen werde an mir oder an meiner Fähigkeit, es zu machen ...

AUTORIN Und wie vergewisserst du dich dann, ob diese Zweifel gerechtfertigt sind oder nicht?

DRAMATIKER Das ist ganz simpel ... das ist, wie mit dem Kopf gegen die Wand rennen, so lange bis sie ein Loch hat ... das ist die einzige Methode. Aber ich habe noch nie erlebt, daß es durch Analyse, durch reines Denken gelöst werden kann, dieses Problem. Es geht nur mit der blinden Praxis des Gegen-die-Wand-Rennens ... bis die Wand durch ist ... und noch ein anderes Problem ist, was durch Erfolg natürlich verlorengeht, das ist die Isolation, die ist schwer herzustellen.

AUTORIN Aber die ist ja nicht nur räumlich und zeitlich, sondern auch materiell ...

DRAMATIKER Nee, das ist kein Problem ...

AUTORIN Aber eine Isolation, die du als Isolation fühlen kannst, müßte ja eine sein, in der du schreibst, weil du aus ihr raus willst. Das ist ja ganz was anderes als eine, in die du dich zurückflüchten willst ... mit allen Sicherheiten, die du hast.

DRAMATIKER Letztlich geht's doch darum, was ich gerne mal hätte, das Gefühl, blind zu schreiben ... einfach drauf los ohne den Gedanken an das Produkt ... aber das muß ich einfach üben!

AUTORIN Wie willst du das üben? Du kannst es ja nur üben, wenn du dich täuschst ...

DRAMATIKER Nicht unbedingt ...

AUTORIN Du mußt dich ja ohnehin über vieles täuschen, wenn du schreibst, im Grunde bist du ein Produzent von Abendunterhaltung ...

DRAMATIKER Na ja klar ... ich hab zum Beispiel einen Traum, der regelmäßig wiederkehrt. Ich träume von einer Wohnung, in der ich lebe, und dort entdecke ich plötzlich Zimmer, die ich noch nicht kannte ...

AUTORIN Kenne ich ...

DRAMATIKER ... und genau so träume ich manchmal, daß ich noch irgendwo Manuskripte habe in einer Schublade, niemand kennt sie *lacht* ... und wie schafft man das? Das ist eigentlich ein moralisches Problem: zu schreiben, ohne es nötig zu haben.

AUTORIN Der Aufgabe wirst du sicherlich nicht gewachsen sein ... du müßtest ja irgendwas anderes dafür umstoßen, müßtest vielleicht für ein Jahr verschwinden ... auf die Gefahr hin, daß du es immer noch weißt, daß du in dieser Zeit Werke produzierst, weil ein Markt wartet ... oder auch nicht ...

DRAMATIKER Das muß ich doch keinem erzählen ...

AUTORIN Es reicht ja, wenn du's weißt ... oder aber du hättest die große Chance – denn der Kulturbetrieb ist ja sehr untreu – daß du nach einem Jahr ...

DRAMATIKER ... daß ich dann weg bin vom Fenster ... das wäre eine Chance ...

AUTORIN ... für die Isolation ...

DRAMATIKER Aber da glaub ich nicht dran, das muß ich

schon selbst organisieren. Ich hab zum Beispiel schon überlegt, ob ich nicht mal was ganz Dummes schreiben soll, einfach um der Welt zu beweisen, daß da nichts mehr kommt ... nichts mehr Wesentliches ...

AUTORIN So ... jetzt bitte etwas Selbstzerfleischung! Wie isses denn nun mit dem Alter ... und dem Sexleben? *Lacht gekünstelt.*

DRAMATIKER *kichernd zuerst, dann stockend* ... mit dem Alter ... ja du ... ich hab da leider keine Probleme mit dem Alter ... wirklich nicht, sechzig ist doch kein Alter, ist doch lächerlich!

AUTORIN Erinnere dich mal daran, was du mit zwanzig von einem Sechzigjährigen gedacht hast!

DRAMATIKER Du, ich erinnere mich doch gar nicht an die Zeit, wo ich 20 war. Ich weiß nur, wenn ich Fotos von mir sehe – was ja jetzt oft unvermeidlich ist –, dann sehe ich viel älter darauf aus, als ich mir jetzt vorkomme. Ich war, glaub' ich, ein absoluter Spätentwickler ... aber das sind wohl Männer sowieso. Frauen sind ja viel älter als Männer. Von Anfang an. Ehe ein Mann begreift, wozu er da ist, da hat es die Frau schon wieder vergessen ...

AUTORIN Wozu er da ist ...

DRAMATIKER *kichert* Oder wozu sie da ist. *Pause.* Du, aber entschuldige, da kann ich wirklich nichts dazu sagen, weil ich damit keine Probleme habe.

AUTORIN Nein? Aber das Gewebe macht das ja nicht einfach mit ...

DRAMATIKER Welches Gewebe?

AUTORIN Das fleischliche.

DRAMATIKER Das einzige Problem, das ich habe, ist, eh ... *ausgiebiges Räuspern* ... daß meine ... meine sexuellen Bedürfnisse meine Befriedigungsmöglichkeiten *Räuspern* ... übersteigen. Das andere Problem ... das ist eines, das hat mit dem Alter nichts zu tun ... ist, daß es mir zunehmend schwer-

fällt, sexuelle Beziehungen länger als ein, zwei Tage aufrechtzuerhalten ... das ist ein Problem.
AUTORIN *freudig* Ja?
DRAMATIKER Weil ich da neuerdings sehr empfindlich bin gegen die ... eh ... gegen den Aspekt ... wie soll ich denn sagen ... also wenn eine Frau ein Objekt wird, das ist mir unangenehm!
AUTORIN Und das möchtest du vorbeugend vermeiden. Nach zwei Tagen passiert das bereits?
DRAMATIKER Nach zwei Tagen passiert das ...
AUTORIN Da stimmt aber was nicht ...
DRAMATIKER Du, das ist ganz simpel, *schenkt sich nach* ... ich bin verliebt, aber in eine Frau, die ich nur sehr selten sehe, und daraus entsteht das. Es hat aber nichts mit dem Alter zu tun, das hatte ich schon immer.
AUTORIN Und dann sublimierst du tüchtig?
DRAMATIKER Na, ich glaub nicht sehr ...
AUTORIN Das hat man früher so gemacht.
DRAMATIKER Nee, zum Alter hab ich gar keine Beziehung. *Pause.* ... Zum Beispiel wenn mich Kinder grüßen mit dieser Haltung, die man Erwachsenen gegenüber annimmt, dann wundere ich mich immer drüber, daß sie mich für erwachsen halten ... es ist 'ne Irritation, und das hört vielleicht erst auf, wenn ich am Stock gehe ...
AUTORIN Was hört dann auf?
DRAMATIKER Die Irritation über die grüßenden Kinder ...
AUTORIN Dann fängt die Irritation erst an ...

Beide lachen heftig.

DRAMATIKER Zum Alter fällt mir wirklich nichts ein.
AUTORIN Dazu wird dir ja schon deshalb was einfallen müssen, weil die Zeit knapper wird.

DRAMATIKER Du, das ist ganz simpel. Es gibt so eine Art Plan *lacht leise* ... welche Sachen ich noch schreibe ...

AUTORIN Planwirtschaftliche Spätwerke?

DRAMATIKER Nee, nee ... und das hat auch wieder nichts mit dem Alter zu tun, denn die Pläne sind 20 oder 30 Jahre alt, sogar 40 zum Teil ... und das muß abgearbeitet werden!

AUTORIN Ohne Rücksicht aufs Gewebe ...

DRAMATIKER *kichert triumphierend* ... ohne jede Rücksicht! Da gibt es vier oder fünf Inszenierungen, die ich noch machen will – ich will ja nicht hauptberuflich inszenieren – und dann will ich noch sieben Stücke schreiben, das ist so mein Plan, und danach kann ich mich dann zur Ruhe setzen, falls noch Zeit ist ...

AUTORIN Wieviel Stücke hast du denn bis jetzt geschrieben?

DRAMATIKER Keine Ahnung ... ich weiß es wirklich nicht. Es ist auch fast unredlich, sie zu zählen, weil *lacht* ... manche sind nur eine Seite lang, manche 30, andere neun Seiten oder auch 120 ...

AUTORIN Also willst du in den nächsten ... sagen wir mal: 20 Jahren mehr machen, als du in den vergangenen 40 Jahren gemacht hast?

DRAMATIKER Na, das auf jeden Fall! Aber der simpelste Grund ist – aber das glaubt mir ja wieder keiner –, daß ich das Schreiben als Schlafmittel brauche. Vielleicht ist das mein einziges Alterssymptom überhaupt, daß das Einschlafen manchmal zum Problem wird ... also dann, wenn ich alleine schlafe ... dann ist es so ... wenn ich gerade an einer Sache arbeite und mir die letzten zehn oder 20 Zeilen aufsage im Bett, dann schlafe ich sofort ein ...

II

Herein die Künstlerin, begleitet von zwei größeren Hunden. Diese stürzen sich empört auf den Dramatiker, der sie amüsiert, mit sanfter Stimme und freundlichen Gebärden abwehrt.

KÜNSTLERIN *läßt sich aufseufzend aufs Feldbett nieder und schenkt sich Rotwein ein* Wir waren leider außerstande, sie zu erziehen, wir mußten immer viel zu viel lachen.
DRAMATIKER Guterzogene Hunde sind fast schlimmer als unerzogene Kinder. *Er ißt etwas vom kalten Braten, flankiert von beiden Hunden, und wirft ihnen ab und an kräftige Stücke zu* . . . So, genug! *Und zur Künstlerin gewandt* . . . fertig?
KÜNSTLERIN Nicht die Spur . . . ihr müßt aufpassen! Ich darf jetzt nicht so viel Wein trinken, wenn ich nachher noch arbeiten soll. Und ihr?
AUTORIN Er ist unheimlich widerborstig . . .
KÜNSTLERIN So isses recht!
DRAMATIKER Du, wieso widerborstig?
AUTORIN Er hat kein Problem mit dem Alter, keines mit dem Erfolg . . .
DRAMATIKER Nee, hab ich auch nicht . . .
AUTORIN . . . kein Problem mit dem Publikum und auch keinen Streß mit dem dauernden Herumfahren . . . im Gegenteil . . .
DRAMATIKER . . . es ist ja auch keiner!
KÜNSTLERIN Ja, für wen denn . . .
DRAMATIKER Was soll daran Streß sein?
KÜNSTLERIN Bist du so altmodisch oder so fortschrittlich?
DRAMATIKER Vielleicht bin ich so altmodisch . . .
AUTORIN Er ist so altmodisch, daß er sich mit den Fortschrittlichsten schon wieder trifft . . .

KÜNSTLERIN Drüben hab ich ein arabisches Sprichwort aufgehängt, das geht so: »Die Seele reist mit der Geschwindigkeit eines trottenden Kamels«, was reist denn bei dir mit welcher Geschwindigkeit?
DRAMATIKER Vielleicht *lacht* ... lasse ich meine Seele zu Hause, wenn ich reise ...
KÜNSTLERIN Und womit reist du dann?
AUTORIN *genüßlich* ... mit diesem Herzen da ... dem reinen ... das man auf jeden Boden legen kann.
DRAMATIKER Nee, nee ... mit 'ner möglichst leichten Reisetasche. Was ich am Reisen hasse, ist Gepäck.
KÜNSTLERIN Ja, ja, die Schwerkraft.
AUTORIN Und du selbst wirst ja eh transportiert.
DRAMATIKER Genau, ja ... sonst wär's etwas schwierig *Pause, schenkt sich nach* ... Und dann gibt's da noch ein Problem mit dem Reisen: Zum Beispiel in Wien – ich war letztens zehn Tage in Wien wegen dem Bühnenbild für die nächste Sache –, da mußte ich noch irgendeinen Text zu Ende schreiben. Es gab keinen Menschen in Wien, der für mich eine mechanische Schreibmaschine gehabt hätte. Auf den elektrischen kann ich nicht schreiben, ich hab ein halbes Stück damit geschrieben – früher mal –, ich glaub, das merkt man auch.
KÜNSTLERIN Wenn du wieder mal in Wien eine Schreibmaschine suchen solltest, in der Postsparkasse von Otto Wagner stehen lauter mechanische Schreibmaschinen, da kann man wunderbar in Ruhe ...
DRAMATIKER ... da kann man hingehen und schreiben?
KÜNSTLERIN Ja, ja, da gehen die Rentner hin und schreiben ihre Beschwerden ans Amt.
AUTORIN Das ist doch der ideale Arbeitsplatz für einen Stückeschreiber ...
DRAMATIKER Ich werd's mir überlegen ... Wien hab ich überhaupt gern, da passieren die schönsten Sachen.

Letztens wurde berichtet von einem jüngeren Bauernpaar zum Beispiel. Die saßen vor Gericht. Beide hatten keine Daumen mehr *lacht* . . . weil sie die für die Versicherung abgeschnitten hatten.
KÜNSTLERIN Wobei?
AUTORIN Für die Versicherung . . .
DRAMATIKER Und jeder hatte 500 000 Schilling erhalten, für den Daumen. Das war nur irgendwie aufgefallen, weil *lacht* . . . erst mal beide . . . und ihr Gehöft war auch schon dreimal abgebrannt, und dafür hatten sie *lacht sehr* . . . jedesmal acht Millionen Schilling . . .
AUTORIN Schwer zu erklären, wie bei beiden die Daumen abgehen können auf einen Sitz, bei welcher Tätigkeit . . .
KÜNSTLERIN Beim Futterschneiden. Der eine zieht, der andere schiebt. Hier gibt's bestimmt auch solche Sachen, nur stehen sie vielleicht nicht so schön in der Zeitung.
DRAMATIKER Aber in Österreich . . . das hat mir mal jemand erklärt, warum dort die meisten Morde und so weiter zu Hause passieren in der Familie – der sagte, das liegt einfach nur daran, daß sie zu faul sind, aus dem Haus zu gehen. Allerdings, bei uns gibts auch Ähnliches . . . meine Lieblingsgeschichte – ich habe sie von einem Arzt, denn es war auch sein Lieblingsfall – ist so vor acht oder zehn Jahren passiert in der DDR. Ein Mann sieht ein Fußballspiel, und ab und zu kommt seine Frau aus der Küche und sagt: »Wennste mir jetzt nicht zuhörst, schneid ick mir uff!« Der Mann sieht immer weiter sein Fußballspiel, bis er nach einer Weile gestört wird durch die Feurwehr. Das Haus wurde gerade renoviert, an der Fassade war ein Baugerüst, dort hatte sich die Frau irgendwie aufgehängt – menschliche Därme sind ja sehr haltbar. Die Feuerwehr arbeitete nun fleißig dran, sie lebend abzupflücken. Das gelang. Sie kam ins Krankenhaus, und

der damals berühmteste Chirurg der DDR operierte sie erfolgreich. Jetzt sitzen sie beide vor dem Fernseher ...

KÜNSTLERIN Der Chirurg und die Frau?

DRAMATIKER Nein *lacht* ... sie und ihr Mann, ein absolutes Happy-End ...

AUTORIN Jetzt hab' ich mal eine Frage, was heißt denn genau »eiverbibscht«?

DRAMATIKER Ei verbibscht? *lacht* ... das sagt man dann, wenn zum Beispiel eine sächsische Hausfrau mit einer Schüssel ... mit einem ungeheuren Festmahl ... die Stube betritt, der Hund läuft ihr zwischen die Beine, und sie läßt die Schüssel fallen. Dann sagt sie ei verbibscht!

AUTORIN Dann auch noch? Denn so was ist doch ein schreckliches Unglück?

DRAMATIKER Ja, aber die Sachsen reagieren so ...

KÜNSTLERIN So, isser, der Sachs.

DRAMATIKER Die Sachsen sind überhaupt sehr komisch. Kennt ihr das mit der Pietät? Das ist Leipziger Sächsisch, Golis, und das geht so. *Das Folgende ist in Sächsisch zu sprechen.* »Ich komme von der Pietät, ich bring ein Brett. Die andern Pietäter, mit den andern Brettern, kommen später. Und morgen kommt auch noch so'n Arsch, der bringt den Deckel von dem Sarch.«

Anzügliches Lachen der Damen.

KÜNSTLERIN Hat er denn schon von Brasilien erzählt?

AUTORIN Nichts, nichts hat er erzählt ...

DRAMATIKER Von Reisen erzähl ich doch nie was. Ich weiß auch nicht, warum. Ich hab' auch nie das Bedürfnis, darüber zu schreiben ...

AUTORIN Erzähl trotzdem. Warst du im Elendsviertel?

DRAMATIKER *lacht gequält* War ich natürlich auch, ja ...

AUTORIN Und wie war's? Schön elend?

DRAMATIKER Das Wesentliche am Elend, das wir ausführlich besichtigt haben, war ein junger Bäcker aus Deutschland. Das war in São Paulo. Der machte dort 20 Brotsorten ...

KÜNSTLERIN Im Elendsviertel?

DRAMATIKER Mitten im Elend. Das war dann aber auch alles, was sie hatten. Er war von irgend so einer Entwicklungshilfeorganisation und mußte dort sechs Monate arbeiten, danach konnte er sechs Monate im Land herumreisen. Da hat er eben sechs Monate lang Brot gebacken. Der konnte 20 Sorten und machte 20 Sorten.

AUTORIN Und was hast du noch gesehen?

DRAMATIKER Das Wesentliche war eigentlich ... aber das ist zu banal!

KÜNSTLERIN Keine Angst vor dem Banalen!

DRAMATIKER Es ist so blöd. Na gut ... das war in Rio de Janeiro, wo ich fast krepiert bin, und da kommen wir auf das Alter zurück. Diese höchste Erhebung, mit dem kitschigen Jesus oben – ich weiß nicht, wie der Berg heißt – hat jedenfalls sadistischerweise 365 Stufen, die man erklimmen muß ...

KÜNSTLERIN Und was war's? Das Herz, die Lunge?

DRAMATIKER Ich weiß nicht, was es war. Jedenfalls auf Stufe 245 dachte ich, jetzt ist es zu Ende mit mir ...

KÜNSTLERIN Was für ein Tod! Auf dem Weg zum Erlöser ... so hoch oben ...

DRAMATIKER Nee, nee, da war Gott sei Dank eine Kneipe. Wir haben ausgeruht, erst mal was getrunken, und dann war ich oben. Aber der Blick von dort war ... das lohnt schon einen frühen Tod. So was ist mir noch nie passiert, entschuldige, das klingt jetzt vollkommen romantisch, aber ich erzähl's trotzdem. Wenn du da oben stehst, und es wird gerade Abend *lacht* ... ein besonders schöner Sonnenuntergang ... dann ist dieser Rundblick so wahnsinnig, weil er aussieht wie eine

Kunstausstellung. Das fängt an bei Altdorfer und geht bis zu Turner, völlig wahnwitzig. Ich habe nie vorher so eine Empfindung gehabt, ein Bild essen zu wollen, also eine Gier auf ein Bild ... und die Verbindung dieser zwei Sinne habe ich nie so erlebt vorher ...
AUTORIN Das ist gemein ...
DRAMATIKER Nee, ist nicht gemein, ich hab's genossen!
AUTORIN Eben nicht, es läßt sich ja beim besten Willen nicht einverleiben.
DRAMATIKER Da ist was dran ... es geht nicht ... es hat auch was Schmerzliches, das Unvermögen. Das andere war der Amazonas ...
AUTORIN Den hast du auch gesehen? Ekelhaft!
DRAMATIKER Das Schöne am Amazonas ist erst mal *lacht* ... die Vereinigung mit dem Rio Negro. Der eine ist schwarz, glaub' ich, der andere braun, und ein paar Kilometer lang fließen sie noch zusammen, getrennt in Schwarz und Braun. Das ist aber nicht das Wesentliche, schlimm ist der furchtbare Kontrast, also Manáos, diese Stadt ... Herzog und so weiter ... Das ist das Fürchterlichste, was ich an Stadt je gesehen habe, völlig verkommen und kaputt. Es ist nicht auszuhalten. Und am Amazonas zeigen sie dann ein paar Indianer ... man kann darüber nicht reden. Ich kann darüber nicht reden ...
KÜNSTLERIN Jedenfalls fliegst du dann nach Hause und hast keine Probleme damit ...
DRAMATIKER Damit, daß ich da gewesen bin?
KÜNSTLERIN Angeblich. Warst du wirklich dort, wenn du daheim bist?
DRAMATIKER Das ist die Frage ...
Künstlerin: ... oder bist du wirklich daheim, wenn du daheim bist?
DRAMATIKER Nee, was soll ich da für Probleme haben?
AUTORIN Wir haben damit Probleme ...
Künstlerin: ... auch wenn wir nicht das Haus verlassen.

DRAMATIKER Was denn für Probleme?
KÜNSTLERIN Keine wirklichen *lacht.*
AUTORIN Von wem ist dieser Satz schnell »Mein Gott ...«, von Horváth?
KÜNSTLERIN Nix mein Gott, »Herrgott, ich möchte leben, wie ich lebe« ...
AUTORIN Das ist es. Wir sind immer hoffnungslos daneben, nicht dabei ...
KÜNSTLERIN Aber er ist ja so kühn und spricht von seiner eigentlichen Existenz ...
DRAMATIKER Von welcher Existenz?
KÜNSTLERIN Tausendmal zitiert! Und als du im Mai hier gewesen bist, hast du dich sogar selbst zitiert, das Schlimmste, was man machen kann ...
DRAMATIKER *kichernd* Wen soll ich denn sonst zitieren?
KÜNSTLERIN Du hast gesagt: »Meine eigentliche Existenz ist im Schreiben.« *Lacht.*
DRAMATIKER Stimmt, ja ...
KÜNSTLERIN Du schreibst ja nie! Bist dauernd in Brasilien ...
AUTORIN Das sagt er angesichts des Rundblicks, aus vollem Herzen ...
DRAMATIKER Hab ich das in Brasilien gesagt? Kann ich mir eigentlich nicht vorstellen.
KÜNSTLERIN Woher soll ich es wissen?
DRAMATIKER *nach längerem Schweigen* ... Na, was du meinst, ist doch eigentlich, daß ich, wenn ich auf diesem komischen Berg stehe, Rio sehe und das Bedürfnis habe, diese Landschaft zu verschlingen, dann dran denken muß ... an die zwölf Millionen DDR-Bürger, die das nicht sehen können ...

Enorme Heiterkeit der Damen.

AUTORIN Absurde Idee ... ein vollkommenes Mißverständnis ...

DRAMATIKER Das meint ihr nicht? Denn das kann ich nicht ... das hab' ich mal beschrieben. Das meine ich ... aber das kann ich nicht mehr!
KÜNSTLERIN Das würde ich als DDR-Bürger auch verurteilen, wenn die Privilegierten dann auch noch rumtranen im Ausland ...
DRAMATIKER Das wäre das letzte, ja ...
KÜNSTLERIN Die Drittweltler würden sich auch schön bedanken, wenn hier ein einziges Barmen herrscht ...
DRAMATIKER Da gab's noch ein schönes Erlebnis, das wir hatten, das war in Salvador, bei einem Reggae-Konzert auf einem dieser berühmten Plätze, vor dem Armado-Museum. Die Bevölkerung ist ja zu 80 Prozent schwarz, es waren also fast nur Schwarze auf dem Platz, und die bewegten sich wie die Wahnsinnigen. Wir waren sieben oder acht Bleichgesichter in dieser Menge. Da kommt man sich schon ein bißchen merkwürdig vor. Jedenfalls, zwei Schwarze kamen und wollten meiner Freundin Reggae beibringen, und das haben sie dann auch gemacht lange Zeit. Irgendwann wollten wir gehen, wurden aber die beiden nicht los. Sie kamen immer hinter uns her und sagten: »cooperatia, cooperatia ...« Wir haben dann ein Taxi gefunden, wir stiegen ein, und der Fahrer wollte los ... aber die beiden immer am Fenster, wollten die Tür aufmachen und riefen: »cooperatia, cooperatia!« Wir dachten natürlich Schlimmstes. Es stellte sich aber später heraus – das sagte uns ein kundiger Cambridge-Student, sie wollten weiter nichts als Geld haben, was ich nicht begriffen hatte ...
AUTORIN Die wollten Bezahlung für den Unterricht.
DRAMATIKER Klar, für den Unterricht und das Frühstück. Das habe ich mir wirklich wochenlang vorgeworfen, daß ich das nicht begriffen hatte. Es wäre ja kein Problem gewesen ... bloß, ich hatte natürlich ganz was anderes gedacht. Und am nächsten Abend traf ich auf einer Party einen Herrn, so einen ver-

sprengten 68er, der dort am Goethe-Institut war, ihm erzählte ich die Geschichte, und er sagte dann den guten Satz: »Na, Sie kriegen doch auch Ihre Tantiemen.«
AUTORIN Der gebildete Westeuropäer, der glaubt ja immer, die Wilden machen alles aus Leidenschaft, es käme von innen heraus, die können gar nicht anders ...
KÜNSTLERIN Wehe nicht!
DRAMATIKER *lacht unecht, schenkt sich nach* Das sind so die Mißverständnisse ...
KÜNSTLERIN Wir sind ganz Ohr ... beispielsweise gibt es da folgendes Phänomen: In dieser Wohnung, wenn Besuch kommt, machen immer und ausschließlich Männer den Klodeckel zu.
DRAMATIKER Da wollte ich gerade vorhin drüber reden, als ich vom Klo reinkam. Ich war mal auf einer Party in Berkley bei Feministinnen. Da habe ich die Klobrille nicht zugemacht und wurde sofort entlarvt als der übelste Phallokrat und Chauvi ...
KÜNSTLERIN Aber du hast ja nicht nur die Brille runtergemacht sondern auch den Deckel ...
DRAMATIKER Das war dann der Übereifer der aus dieser Erinnerung herrührt ...
AUTORIN Und so machen alle Männer hier alles zu, um zu verbergen, daß sie überhaupt gepißt haben ...
DRAMATIKER Damals hab ich sie oben gelassen, das war die Hölle ...
KÜNSTLERIN Da war der Bär los.
AUTORIN Jetzt ist der Bär los, weil du alles zumachst.
DRAMATIKER Ich werd's mir merken.
AUTORIN Was machst du denn das nächste Mal?
DRAMATIKER *höhnisch* Ich lasse alles oben.
AUTORIN Das hast du jetzt gesagt, um zu beweisen, daß du doch nicht so freundlich bist wie du wirkst.
DRAMATIKER Freundlich bin ich ja nicht wirklich. Es ist eher ein Laster, so freundlich zu sein. Das beste Mittel, Leute von sich abzuhalten ...

KÜNSTLERIN ... ist vorauseilende Freundlichkeit.
DRAMATIKER Genau!
AUTORIN Dabei wollten wir doch gar nichts von dir.
KÜNSTLERIN Nur, daß du alles aufs Tonband sprichst ...
AUTORIN Leider ist das ganz schlecht, so ein Tonbandgerät ...
DRAMATIKER Es korrumpiert.
KÜNSTLERIN Mich hat's schon korrumpiert. Ich hab ja früher kein Wort gesprochen, wenn so ein Ding in der Nähe war ...
AUTORIN Jetzt sprichst du wie ein Wasserfall ...
KÜNSTLERIN Du bist schuld, daß ich korrumpiert bin!
DRAMATIKER *lacht* Und Bekenntnisse willst du auch noch, aber ich habe nichts zu bekennen. Das einzige, was ich nicht offen sage, ist meine Meinung. Und ich werde mich auch hüten, das jemals zu tun.
KÜNSTLERIN Teile jede Meinung ...
DRAMATIKER *lacht* ... und sag nie deine eigene.
KÜNSTLERIN Wer braucht deine Meinung und wozu? Ist doch völlig überflüssig ...
DRAMATIKER Ja, ich glaub das ist jetzt auch vorbei mit der Meinung.
KÜNSTLERIN *Österreichisch* ... und wie moanens dös jetzt nachher? *Reckt sich.* So, jetzt bin ich gleich blau, und wie soll ich jetzt noch was zeichnen?
DRAMATIKER Locker, locker ... was zeichnest du denn?
KÜNSTLERIN Die Geschichte von Christi Nachgeburt.
AUTORIN Das gibt doch bloß wieder einen Blasphemieprozeß ...
KÜNSTLERIN Die heilige Placenta ...

Gelächter und Husten.

AUTORIN Die gibt es nicht!
KÜNSTLERIN Bei jeder Geburt gibt es eine Nachgeburt!
DRAMATIKER Du kannst vielleicht ein Brechtzitat ver-

wenden: »Das Würgend der Nachgeburt gegen morgen zu...«, es hat so einen biblischen Tonfall...
KÜNSTLERIN Niemand kümmert sich um die Nachgeburt...
DRAMATIKER Aber so rein ideologisch gesehen, die Nachgeburt müßte eigentlich die Kirche sein!
KÜNSTLERIN *lacht* ... die Kirche und ihr wichtigster Agent, der Weihnachtsmann, der sich als Zuhälter und Dealer ja schon an die Kleinsten ranmacht...
DRAMATIKER ... mit dem Opium...
KÜNSTLERIN ... dann werden aus kleinen fröhlichen Heiden gefährliche Abhängige.
DRAMATIKER Ich habe auch ein Weihnachtstrauma. An irgendeinem Weihnachten in meiner Kindheit wurde ich vor die Wahl gestellt, entweder das Wilhelm-Busch-Album zu kriegen oder einen Weltatlas. Sowas dürfen ja Eltern nie machen, das ist ein ganz schwerer Fehler. Der ganze Zauber ist zerstört. Aber wir hatten nicht viel Geld, und sie haben – mit einer Nachbarsfamilie zusammen – über ein Versandhaus bestellt. Da ergab sich dann die Frage, wer will was, wer kriegt was. Ich hab mich damals für den Weltatlas entschieden, sah aber dann bei dem anderen Knaben das Wilhelm-Busch-Album... natürlich war ich stinksauer. Das wäre mir wahrscheinlich umgekehrt genauso gegangen, ich weiß es nicht. Jedenfalls, die andere Familie ging auch zu Bruch darüber. Der Mann hat sich später umgebracht, genau wie mein Vater...
AUTORIN Wir können ja dieses Trauma rückgängig machen, indem wir dich wiederum vor eine Wahl stellen....
DRAMATIKER Jetzt macht es mir ja nichts mehr aus!
AUTORIN Na warte mal, das fragt sich noch...
DRAMATIKER Stell mich mal vor eine Wahl!
KÜNSTLERIN *feierlich* Wir stellen dich vor die Wahl: Bar-

barei oder Untergang, was wählst du zu deinem Geburtstag?
DRAMATIKER *lacht haltlos; dann entschieden* ... Untergang!
AUTORIN Schon wieder falsch ... und der Nachbar freut sich ...
DRAMATIKER So hat jeder seine Freude ...
KÜNSTLERIN Untergehen kann jeder. Aber im Kollektiv ...
DRAMATIKER Barbar sein will gelernt sein!
KÜNSTLERIN Die Barbarei ist schon wieder so anstrengend. Aber noch hegen wir die Vorstellung, daß der Untergang euphorisch sein könnte ...
DRAMATIKER Doch, doch, kann schon ...
AUTORIN Nee, nee! Der Herr kommt jetzt auch allmählich in das Alter, wo er diese Illusion ...
DRAMATIKER *fröhlich* braucht, braucht!!
KÜNSTLERIN *in Österreichisch* Wos wird sein – olle werns z'haus sitzen wie die Gruftmuffler ...
AUTORIN *während der Dramatiker mit einem funierten Holzröllchen eine Zigarre entzündet* ... Mhm ... das riecht sehr gut.
DRAMATIKER Es ist Sandelholz.
AUTORIN Deshalb!

Der Dramatiker legt das brennende Röllchen in den Aschenbecher und entfacht darin einen lodernden Brand. Niemand schreitet ein.

AUTORIN Ja ... so wird's dahingehen ...
KÜNSTLERIN Du fängst schon an, die letzten Sätze vom Herrn Karl zu sprechen *Österreichisch* ... no jo, schaun mir uns an, wie's weitergeht ...
AUTORIN Schließlich ist er ja hier der Geburtstagshengst mit Ehranspruch.
KÜNSTLERIN Hengst, Hengst! Er ist die Geburtstagsfer-

se. Du hast ihn ja extra hergebeten, wolltest große Worte machen ...

AUTORIN Ich ...

KÜNSTLERIN Du ja. Was hat sie gesagt zu dir am Telefon, sie will dich und deine Anhänger zur Schnecke machen?

DRAMATIKER Sowas in der Art ...

KÜNSTLERIN Und was war? Kerzenschimmer ...

DRAMATIKER Hundelächeln ...

AUTORIN Er hat seinen Anhängern nichts zu sagen.

KÜNSTLERIN Nichts vorzuwerfen ...

DRAMATIKER ... und sich selbst auch nicht!

AUTORIN Selbstentblößung ist das Ekelhafteste, was man sich vorstellen kann.

KÜNSTLERIN Wieso? Die Recherche kennt kein Tabu.

DRAMATIKER Ich werd jetzt ein Taxi bestellen.

AUTORIN Die Zigarre kannst du noch zu Ende rauchen.

DRAMATIKER Die rauch ich sowieso zu Ende. *Kleine Pause.* Ich weiß nicht, ob du was damit anfangen kannst, aber du kannst alles machen, keine Frage! Du kannst ja auch einfach beschreiben, wie wir hier sitzen ...

AUTORIN Mir fällt schon was ein.

DRAMATIKER Der bedeutendste Satz von meiner Mutter ... zu einem Menschen in der DDR – der hatte auch ein Tonband auf sie angesetzt – dem hat sie erzählt von meiner Geburt und sagte den bedeutenden Satz: »Der Heiner wollte nicht kommen.«

AUTORIN Das ist ja bis heute so geblieben.

DRAMATIKER *streichelt seinen Hund* ... ich habe noch nie ein Tier kennengelernt mit dem ich Probleme gehabt hätte ...

AUTORIN Normalerweise beißt dieser Hund jeden in die Nase bis das Blut spritzt, besonders dann, wenn Fremde sich gütig über ihn beugen. Wir haben's dir nur nicht gesagt ...

DRAMATIKER Mich nicht ... *bestellt ein Taxi, zieht Jak-*

kett und Mantel an . . . ich kann euch noch einen Spruch von Ernst Bloch hinterlassen: »Schlafend gelangt Odysseus nach Ithaka.«
KÜNSTLERIN Odysseus . . . aber unsereiner? *Umarmt den Dramatiker zum Abschied* . . . jetzt geht er ungebissen . . .
AUTORIN Ungebissen gelangt Odysseus . . . ich bring dich runter.

Dramatiker und Autorin gehen gemeinsam ab, die Künstlerin öffnet die Balkontüren – Herein die Autorin.

AUTORIN Weg isser.
KÜNSTLERIN Ganz schön zugenommen hat er.
AUTORIN Alle nehmen ganz schön zu . . .
KÜNSTLERIN Der Mann wächst mit seinen Aufgaben.

Freundliches Gelächter; der Vorhang fällt.

Plädoyer für den Widerspruch
»Neues Deutschland«, 14. 12. 1989

Ein Wort nicht nur in eigner Sache: daß ich bei der Berliner Demonstration am 4. 11. den Text einer INITIATIVE FÜR UNABHÄNGIGE GEWERKSCHAFTEN vorgelesen habe, hat offenbar viele Gemüter erregt. Einen Kommentator der Aktuellen Kamera so heftig, daß er einen Rückfall in die Tierlaute der Stalinzeit (GRÜPPCHEN KOCHEN SÜPPCHEN) nicht vermeiden konnte. Auch der Theaterkritiker des NEUEN DEUTSCHLAND hielt es für nötig, der Welt mitzuteilen, daß ich kein Volksredner bin. Ich kann ihn beruhigen: das war nie mein Berufswunsch. Ich glaube allerdings, daß seine Kritik an meiner »Demoreife« mehr den Text als die Sprechtechnik meint. Mein Fehler: ich hatte den strapazierten Begriff DIALOG so verstanden, daß er niemanden ausschließen sollte. Als mir am Fuß der improvisierten Tribüne eine Welle von Haß entgegenschlug, wußte ich, daß ich an Blaubarts verbotene Tür geklopft hatte, die Tür zu dem Zimmer, in dem er seine Opfer aufbewahrt. (Pfeif- und Buhkonzerte sind der – selten erfüllte – Traum eines Theaterautors: das Publikum zeigt Wirkung.) DAS WAR BILLIG sagte zwischen den Zähnen ein älterer Ordner. Inzwischen weiß ich, daß der Mann recht hatte. Wenn man die Forderungen der Initiative für unabhängige Gewerkschaften an den Privilegien mißt, die Funktionäre nicht nur des FDGB sich herausgenommen haben, sind sie eher bescheiden, die Sorgen um die Zukunft, die der Aufruf formuliert, bei dem maroden Zustand unsrer Ökonomie allzu verständlich. Die feudalsozialistische Variante der Aneignung des Mehrwerts, Ausbeutung mit andern Mitteln, ist die Konsequenz aus der Stalinschen Fiktion des Sozialismus in einem Land, deren Realisierung zur Kolonisierung der eignen Bevölkerungen in den osteuropäischen Ländern geführt hat. Das Volk als Staatseigentum, eine Leibeigenschaft neuen

Typs. Ich zweifle, ob gerade dem FDGB, der bislang die Interessen von Staat und Partei gegen die Arbeiter vertreten hat, das Münchhausenstück gelingen wird, sich an den eignen Haaren aus dem Sumpf zu ziehn; ich meine, er braucht Hilfe, d.h. Konkurrenz. Das Dogma von der führenden Rolle der Staatspartei in allen Bereichen hat zur Stagnation in allen Bereichen geführt, zum Prinzip der negativen Auslese: Gesinnung vor Leistung, Sicherheit vor Produktion, zur Diktatur der Inkompetenz. Marx sprach von der Dummheit, die noch schreckliche Tragödien aufführen wird. Die Tragödie des Sozialismus ist die Trennung von Wissen und Macht. Der Niedergang eines Gemeinwesens beginnt mit dem Verfall der Sprache. Wo die Benennungen nicht mehr greifen, greift keine Praxis. Das Leben in der Phrase statt auf dem Boden der Tatsachen hat zur einzigen Überschußproduktion in unsrer Mangelwirtschaft die Produktion von Staatsfeinden gemacht, die den Mangel reproduziert. Wir haben unsern Staat nicht für die Geschichte gebaut, sondern für die Statistik. Jetzt schreitet die Geschichte auf den Füßen einer riesigen Mehrheit über die Statistik hinweg. Der Prozeß ist revolutionär, vielleicht die erste Revolution in Deutschland, das Tempo ist schwindelerregend, eine sozialistische Revolution ist es nicht und kann es, nach Jahrzehnten stalinistischer Perversion des Sozialismus, nicht sein. Freie Wahlen sind notwendig, aber die konkrete Analyse der konkreten Situation sollte ihre Bedingung sein. Mit der Forderung nach UNO-Kontrolle unterschätzen die demonstrierenden Massen ihre Macht, UNS AUS DEM ELEND ZU ERLÖSEN / DAS KÖNNEN WIR NUR SELBER TUN. Daß mein Verhältnis zu freien Wahlen nicht ungebrochen ist, hat mit meinem Geburtsjahr zu tun: im Gegensatz zu Lenin kam Hitler durch freie Wahlen an die Macht, insofern ist auch Auschwitz ein Resultat von freien Wahlen, und ich bezweifle, ob es in der BRD unter dem Diktat der Industrie freie Wahlen je gegeben hat. DAS KAPITAL IST SCHLAUER GELD IST DIE MAUER lese ich auf einem Westberliner linken Flugblatt. Meine Sorge: daß die Massen, die aus dem Schatten Stalins mit einem Jahrhundertschritt herausgetreten sind, im Rausch der Freiheit diese Mauer, die durch die Welt geht, aus den Augen verlieren. Meine Hoffnung: daß die SED besser ist als ihre Führung (deren Hauptschuld die Unterdrückung des intellektuellen Potentials der Basis), und von der Straße lernt, daß Bewegung von unten ausgeht, Erstarrung von oben, und überlebt als eine andre Partei, vielleicht nicht durch Einheit. Lenins Fraktionsverbot, für Machterhaltung gegen die Fortsetzung der Revolution, die nur ein Prozeß sein kann und kein Besitzstand, ist der Virus, der die kommunistischen Parteien seit siebzig Jahren schwächt. Was jetzt gebraucht wird, ist nicht Einheit, sondern die Ausformulierung der vorhandnen Differenzen, nicht Disziplin, sondern Widerspruch, nicht Schulterschluß, sondern Offenheit für die Bewegung der Widersprüche nicht nur in unserem Land. Ohne die DDR als basisdemokratische Alternative zu der von der Deutschen Bank unterhaltenen Demokratie der BRD wird Europa eine Filiale der USA sein. Wir sollten keine Anstrengung und kein Risiko scheun für das Überleben unsrer Utopie von einer Gesellschaft, die den wirklichen Bedürfnissen ihrer Bevölkerung gerecht wird ohne den weltweit üblichen Verzicht auf Solidarität mit andern Völkern. Ich bin kein Wortführer einer Bewegung. Entscheidend ist, daß endlich die Sprachlosen sprechen und die Steine reden. Der Widerstand von Intellektuellen und Künstlern, die seit Jahrzehnten privilegiert sind, gegen den drohenden Ausverkauf wird wenig ausrichten, wenn ein Dialog mit der lange schweigenden oder in Fremdsprachen redenden Mehrheit der jahrzehntelang Unterprivilegierten und im Namen des Sozialismus Entrechteten nicht zustande kommt.

Nicht Einheit sondern Differenz
Ein Gespräch mit Patrik Landolt für »Deutsche Volkszeitung/die tat«, 24. 11. 1989

Sie sind der Autor zahlreicher Revolutionsstücke. In der DDR findet nun tatsächlich eine Revolution statt und Heiner Müller fliegt nach New York. Sind Sie zur Zeit in den USA nicht falsch am Platz?

Ich bin im Stück von Heiner Goebbels DER MANN IM FAHRSTUHL unersetzbar, und da es einen Kontrakt gibt, mußte ich fahren. Es war am 9. November sehr schwer, nach Westberlin auf den Flughafen zu kommen. Am Grenzübergang stand diese Millionenschlange, und es gab plötzlich keine Privilegien mehr, keinen Eingang für Dienstreisende. Das ist eine schöne Erfahrung. Aber morgen bin ich ja wieder in der DDR. Jetzt gibt es erst mal den Befreiungsrausch einer Bevölkerung, die zum erstenmal das, was sie am Fernsehen immer gesehen hat, auch live sehen kann. Ich muß da nicht unbedingt dabei sein. Mich interessiert vielmehr, wie es dazu kam und was danach kommt!

Worin sehen Sie die Gründe?

Ein Motiv für diesen Straßenaufstand in der DDR war das Gefühl, das Leben verpaßt zu haben durch eine falsche Politik oder einfach durch das Unglück, am falschen Ort geboren zu sein. Das Grundgefühl ist, daß die BRD den Zweiten Weltkrieg gewonnen hat, die DDR ihn verloren hat. Dieses Gefühl auf der Verliererseite zu stehen, wird in der DDR jetzt sehr schmerzlich zu einem Bewußtsein. Wenn die Leute jetzt nach West-Berlin gehen, sehen sie diese prächtige Fassade. Es ist die Fassade des

Westens, die aufgebaut wurde gegen den Kommunismus. Aber sie erscheint überzeugend und gibt eine Lebensqualität, die in der DDR vermißt wird. Aber ich hoffe, daß die Leute, wenn sie etwas länger im Westen bleiben können, Gelegenheit haben, ihre Erfahrungen zu vergleichen und daß dann ein neuer Denkprozeß in Bewegung kommt.

Sie sprechen von einem Straßenaufstand. Ist das nicht etwas gar bescheiden ausgedrückt?

Es handelt sich tatsächlich um eine Revolution. Eine Revolution ist zunächst mal, wenn eine Masse von Leuten das Gefühl hat, daß sie etwas entscheiden kann und mit dem Risiko auf die Straße geht, daß die Armee eingreift. Sie hat eine Veränderung der Politik erreicht, sogar eine Krise der Führung, die zur Umstrukturierung des ganzen Regierungs- und Parteiapparates führte. Das ist eine ganz wichtige Erfahrung.

Hätten Sie sich noch vor ein paar Monaten vorstellen können, daß es zu dieser Revolution kommen wird?

Es gab genügend Anzeichen. Aber wenn ich ehrlich bin, muß ich sagen: Nein, ich habe nicht erwartet, daß es so schnell geht. Die Beschleunigung ist sehr merkwürdig.

Am Anfang war noch nicht abzusehen, daß Armee oder Polizei nicht durchgreifen würden. Gab es gefährliche Situationen?

Die »chinesische Lösung« stand einige Zeit zur Disposition.

Wie sicher sind Sie da informiert?

Ich habe zuverlässige Informationen. Bei den ersten großen Demonstrationen, als Honecker noch im Amt war, fuhren vor Leipzig, Dresden und Berlin Panzer auf. Die Armee hatte Einsatzbefehl und übte den Nahkampf. Der Einsatz der Armee wurde einerseits durch die große Anzahl der Demonstranten, andererseits durch die Initiative einiger mutiger Leute verhindert. In Leipzig spielte der Dirigent Kurt Masur eine wichtige Rolle, der seine internationale Berühmtheit mutig eingesetzt hat.

Was war damals die Rolle von Egon Krenz?

Er war der Agent der Verhinderung der »chinesischen Lösung«. Er ist nach Leipzig gefahren und hat die lokalen Spitzen gestoppt. Er wußte damals noch nicht, ob das Politbüro ihn stützen wird. Wahrscheinlich wußte er, daß hinter ihm Moskau steht. – Das ist die Legende, wie sie bei uns erzählt wird.

In Deutschland fand bis heute keine erfolgreiche Revolution statt. Sehen Sie Chancen für einen erfolgreichen Ausgang?

Wir erleben jetzt in der DDR eine bürgerliche Revolution. Auf jeden Fall ist es die erste Revolution in Deutschland. In die BRD wurde die Demokratie von den Amerikanern importiert. Demokratie ist da ein Importgut wie andere Konsumwaren, und ich glaube, sie ist auch nicht tiefer ins Bewußtsein gegangen. Wenn es in der BRD irgendwelche Krisen gibt, etwa wenn die Bevölkerung meint, daß die Türken überhand nähmen oder Terroristen zu böse würden, dann treten die alten Klischees ans Licht, die alles andere als demokratisch sind. Die Demokratie hat in der BRD keine Wurzeln. Was jetzt in der DDR passiert, ist eine Chance. Die Demütigung von großen Teilen der Bevölkerung war so stark, daß in der

DDR jetzt ein wirkliches Bedürfnis nach Demokratie herrscht. Die andere Seite ist, daß die Diskrepanz zwischen der Phrase und der Realität einfach zu groß wurde. Jetzt fordert die Bevölkerung die Realität der Phrase ein. Man hat gesagt, wir sind eine Volksdemokratie. Jetzt will das Volk Demokratie! In Leipzig haben Sprechchöre gerufen: »Wir sind das Volk!« Es wäre undenkbar, daß in der BRD 500 000 Menschen rufen, wir sind das Volk.

Welche gesellschaftlichen Schichten sehen Sie als die Träger der Revolution?

Es sind Intellektuelle und junge Leute. Bei den Jungen spielt nicht zuletzt auch die ganze Popkultur eine wesentliche Rolle.

Und die Arbeiter?

Die Arbeiter wissen, daß sie jahrzehntelang betrogen wurden. Der Wohlstand ging in erster Linie in Prestigeprodukte und in die Privilegien der Parteihierarchie. Aber die Arbeiter haben auch betrogen. Sie haben wenig gearbeitet. Es herrschte so eine Art von korruptem Burgfrieden. Der Friede ist jetzt gestört und die Arbeiter sind mißtrauisch. Sie wollen konkrete Beweise dafür, daß es für sie besser wird. Sie fürchten mit Recht, daß, wenn die ökonomischen Reformen einsetzen, die Arbeiter die Hauptlast tragen werden. Das ist ganz normal. Für die Intellektuellen hingegen ist es eine Befreiung. Für sie ist die Abfolge richtig: Glasnost und Perestrojka. Glasnost heißt, man darf das Maul aufmachen, man darf alles sagen. Und dann kommt die Perestrojka: Das ist der Tritt in den Arsch. Den kann man vielleicht ertragen, wenn man das Maul aufmachen darf. Das ist schon rein physiologisch einleuchtend. In China hat man versucht, die Reihenfolge zu ändern. Auch in der DDR gab es diesen

Versuch. Nur Perestrojka. Das geht nicht, das tut dann so weh, daß es Ärger geben muß.

Sie haben sich auf der großen Demonstration in Berlin für freie Gewerkschaften ausgesprochen. Wie wurden Sie zu deren Sprecher?

Ich finde es ganz wichtig: In der DDR sprechen jetzt die Sprachlosen. Ich als Sprachverwalter habe da Hemmungen, denn es ist viel wichtiger, daß die Sprachlosen sprechen. Ich kam also mit einem schlechten Gefühl zu dieser Demonstration: Was soll ich da sagen, ich habe ja alles, was ich zu sagen habe, geschrieben: Ich wiederhole mich nur und das vor 300 000 Leuten. Da saßen zwei Arbeiter, die in Erwartung der sozialen Konflikte, die jetzt kommen werden, einen Aufruf zur Gründung freier Gewerkschaften formuliert hatten. Sie fragten mich, da sie selbst keine Redezeit hatten, ob ich diesen Aufruf vorlesen würde. Ich sah keinen Grund, nein zu sagen. Es lief doch noch einiges schief: Ich ging zu früh ans Mikrofon, so daß ich nicht vorgestellt werden konnte, und die meisten wußten nicht, wer jetzt sprach. Sie hielten mich für etwas ganz Finsteres, einen Mafioso aus irgendeinem Gewerkschaftskeller. Dann enthielt dieser Aufruf einige demagogische Fragen, die ich eigentlich ganz gut fand. Etwa: Hat der Gewerkschaftsbund jemals für unsere Arbeiterinteressen gesprochen gegen Partei und Staat? Da kam es von der linken Seite: Nein. Und auf der rechten Seite, wo der Block der Staatssicherheit war, wurde geschrieen: Demagoge, aufhören, aufhören, arbeiten. Die »Aktuelle Kamera« hat dann meinen Auftritt als einzigen Auftritt getadelt, was mich natürlich sehr gefreut hat. Die DDR-Führung hat, und das verstehe ich, im Moment viel mehr Angst vor freien Gewerkschaften als vor freien Wahlen. Denn was bei der jetzigen Entwicklung herausfällt, sind die Interessen der Arbeiter. Sie müssen die Last der ökonomischen Reformen bezahlen.

Angenommen, die DDR würde heute über die Wiedervereinigung abstimmen, würde sich eine Mehrheit dafür aussprechen?

Ich bin nicht sicher. Auf jeden Fall ist die SED so diskreditiert, daß sie bei freien Wahlen stark verlieren würde. Die SED muß Gelegenheit finden, mit ihrer Vergangenheit aufzuräumen: öffentlich.

Als wie glaubwürdig betrachten Sie die anderen Parteien?

Die waren bisher nur die Satelliten der SED. Es gibt in der DDR eigentlich im Moment keine führende Kraft. Wir brauchen ein Jahr Zeit, damit sich alle darum streiten können.

Und die Neuen Bewegungen wie »Demokratie Jetzt«, »Neues Forum«, »Demokratischer Aufbruch«?

Die spielen eine große Rolle als Initiatoren von Veränderungen. Aber ich glaube nicht, daß sie strukturell etwas bewirken können. Die waren wichtig als Provokation, als Störung der Struktur.

Wieweit läßt sich die SED erneuern? Wird sie in der Lage sein, Reformen durchzuführen und bei späteren Wahlen die politische Führung zu behalten?

Das wird sie vielleicht nicht. Man läuft Gefahr, unsere Strukturen mit denen von westlichen Ländern zu vergleichen, was irreführend ist. Das Parteiensystem in der BRD ist ja auch bloß ein Theater, dessen einziger Zweck es ist, daß sich die Bedürfnisse der Industrie durchsetzen lassen. Die Parteien in der BRD sind ja selbst nur Akteure in einem Theater, das nicht von ihnen inszeniert wird. Das Wesentliche in der DDR ist etwas anderes: Die SED hat mehr als zwei Millionen Mitglieder. Viele sind in der Partei aus Karrieregründen, aber viele sind darin, weil sie aus ihrer Vergangenheit bestimmte Ideale mitgeschleppt haben, die noch im Hinterkopf da sind. Es gibt in der SED ein wirkliches intellektuelles Potential. Die Frage, die sich mir heute stellt, ist: Kann die SED eine Einheitspartei bleiben? Muß sie sich nicht wieder teilen in zwei Parteien? Es ist paradox: Leute wie Krenz sprechen immer mit »Wir Kommunisten«. Der wirkliche historische Vorgang aber war, daß die Sozialdemokraten geschluckt wurden von den Kommunisten, weil die Sozialdemokratie die stärkste Partei war, was den Sowjets nicht gefiel. Vielleicht gibt es keine andere Lösung als eine Konkurrenz zwischen den Kommunisten und den Sozialdemokraten. Das würde die Kommunisten zur Innovation zwingen. Es fällt auf, daß heute alle erzwungenen Strukturen zerfallen. Es geht jetzt um Differenz und nicht um Einheit.

Sehen Sie Chancen, daß nach vierzig Jahren stalinistischer und neostalinistischer Diskreditierung des Sozialismus ein Sozialismus in der DDR jemals eine politische Mehrheit finden kann?

Die einzige Chance ist, daß es genug Leute gibt, die das schon seit vierzig Jahren wissen, die schon seit vierzig Jahren darauf warten, sich sozialistisch zu artikulieren.

Ist das auch Ihre Hoffnung?

Ja. Es ist vielleicht eine schwache Hoffnung.

Was wird als Schriftsteller Ihr nächstes Thema sein?

Der Zweite Weltkrieg. Ich bin ein konservativer Mensch. Und jetzt inszeniere ich in Berlin HAMLET. HAMLET ist im Moment das aktuellste Stück in der DDR.

Wieso?

Es beschreibt den Abgrund hinter jeder Politik.

Was heißt das, auf die DDR bezogen?

Der Abgrund ist: Niemand weiß, was daraus wird. Es kann eine Wiedervereinigung geben. Das wäre ganz traurig. Es kann aus der DDR eine Alternative zur BRD werden. Das wäre schön, ist aber nicht voraussehbar.

Es kommen viele Leichen zum Vorschein
Ein Gespräch zwischen Ulrich Mühe, Heiner Müller und Hilmar Thate für »Theater heute« 12/1989. Die Gesprächsleitung hatte Michael Merschmeier.

Eben hat die »Aktuelle Kamera« die zweite Rede des neuen Partei- und Staatschefs Egon Krenz, eine beschwichtigende Brandrede mit der Ankündigung von weiteren Personenopfern, gesendet; morgen, am 4. 11., soll die erste genehmigte Demonstration in Ost-Berlin stattfinden, organisiert von den Theatermachern der Hauptstadt, zu der eine Million Menschen erwartet werden... Im Osten viel Neues: Ist das Kosmetik, Kulissenrücken zum Zwecke des Machterhalts – oder tatsächlich die vielbeschworene »Wende«?

Heiner Müller: Das ist natürlich alles ganz ernst gemeint, weil es die letzte Möglichkeit ist.

Haben die Mächtigen noch unter Kontrolle, wieviel sie nachgeben müssen, um nicht alles zu verlieren, oder gewinnt die Bewegung schon einen Selbstlauf, der nicht mehr zu stoppen ist?

Ulrich Mühe: Sie bewegen sich so weit vor, um die Verfassung nicht ändern zu müssen.

Hilmar Thate: Es gerät ihnen planmäßig außer Kontrolle. Die SED kann froh sein, daß sie die Bündnisparteien hat, die einiges auffangen können.

Mühe: Und sie wissen, daß es jetzt nur noch um die Grundfrage geht, ob die DDR in Zukunft existieren wird oder nicht.

Müller: Und es wäre langweilig, wenn sie nicht mehr existierte.

Mühe: Fragt sich nur, ob es nicht schon zu spät ist, ob das nicht längst entschieden ist.

Thate: Das Dilemma ist, daß jene Partei, die hätte Avantgarde sein müssen, immer defensiv war. Sie hat ihre Ideen nie in die Tiefe gebracht, nie an die Bevölkerung vermittelt – und nie an der Wirklichkeit erprobt. Es ist immer bei Beschwörungen und Kampagnen geblieben. Vorreiterin war die SED nie.

In der Krenz-Ansprache war jetzt nicht mehr vom »Führungsanspruch der SED« die Rede.

Müller: Das ist gegenwärtig ein Hauptdiskussionspunkt. Diese Führungsrolle ist zwar in der Verfassung festgeschrieben, aber bleibt eine Phrase, wenn sie nicht auf Leistung beruht.

Mühe: Krenz hat sich bei seiner Moskauer Pressekonferenz ironischerweise darauf zurückgezogen, daß der SED gar nichts anderes übrig bleibe als zu führen, weil es so in der Verfassung stünde.

Thate: Ja, sind denn diese Leute, die bis vor drei, vier Wochen noch völlig betonköpfig gehandelt haben, überhaupt in der Lage, etwas anderes zu denken?

Müller: Du überschätzt den Anteil der Ideologie. Die Politiker in der DDR sind, genauso wie hier, von ihrem Habitus her vor allem Manager der Macht.

Thate: Das wissen wir. Doch diese hier sind abwählbar.

Müller: Unsere sind auch bald abwählbar.

Thate: Vierzig Jahre lang waren sie es nicht, und deshalb hat sich in der DDR dieser riesige Müllberg angesammelt.

Was mich besonders verwundert hat: Daß ausgerechnet der Begriff »Wende« benutzt wurde, der hier in der Bundesrepublik einen eher kuriosen, konservativ inspirierten Beiklang hat. Läßt das Wort »Wende« auf einen weiteren Etikettenschwindel schließen?

Müller: In der DDR ist das kein Lehnwort aus der Bundesrepublik. Das stammt aus dem Sport. Beim Schwimmen ist die Wende sehr wichtig: Man muß die Richtung ändern, ohne an Fahrt und an Kraft zu verlieren. Das konnten die DDR-Schwimmer immer besonders gut.

Und jetzt ist die gesamte Staatspartei ins Schwimmen geraten...?

Müller: Was in der Sowjetunion derzeit geschieht, ist ja nichts anderes, als daß erzwungene oder gewaltsam hergestellte Strukturen zerbrechen. Und das passiert in der DDR auch. Eine solche Struktur ist auch die SED. Warum sollte die nicht in ihre ehemaligen Bestandteile zerbrechen? Wenn man jetzt eine SDP gründet, warum dann nicht auch eine KP? Das wäre interessant.

Nochmal »Wende«: Wer derart byzantinistisch auf Sprachregelungen geachtet hat wie die SED, dem unterläuft ein solcher Begriff doch nicht von ungefähr.

Thate: Das ist bestimmt nicht unabsichtlich passiert...

Mühe: ... man wollte wohl den Begriff »Reform« vermeiden ...

Thate: ... aber daß man ausgerechnet den Begriff »Wende« gefunden hat, ist kein Zufall. Es ist ein Umgangswort hier – und klingt entsprechend vertraut in der DDR. Also ist es ein bewußtes Lehnwort.

Müller: Grad heute wurde über die Verschlampung der Sprache geredet. Dazu gehören auch andere Formulierungen von Krenz wie »Schulterschluß« und derartige unpräzise Vokabeln, die im Zusammenhang mit der »Wende« auftauchen. Die Sprache war immer nebulös, es gab nur eine präzise Terminologie. Wenn man von Sozialismus gesprochen hat oder von Arbeiter- und Bauernstaat, war das immer nur eine Phrase, weil es nichts Konkretes bezeichnet hat; es hat Tatbestände eher verdunkelt. Doch die Terminologie war in sich schlüssig, was auf Dauer dann ein Hemmnis wurde. Konfuzianisch interpretiert: Das Verhältnis zu den Realitäten geht verloren durch das Verkommen der Benennungen. Was nie stattgefunden hat, war Analyse. Es gab nur vage Einschätzungen und selbstberuhigende Etiketten-Klischees.

Mühe: Deshalb melden sich jetzt viele Wissenschaftler und Philosophen, die sagen: Wir haben immer gearbeitet, aber wir wurden nie zu einer Entscheidung oder Entscheidungsfindung herangezogen; wir wurden stattdessen immer nur gelobt und ausgezeichnet ...

Thate: Und warum haben sie es so lange hingenommen?

Müller: Die Situation kann man nur mit einem Witz beschreiben. Ein Taxifahrer fährt mich an einem Kino vorbei, wo ein Plakat für einen sowjetischen Film hängt; da sagt er: Gorbatschow, das ist ein guter Mann. Ich bin zwar kein Kommunist, aber erstmals seit Jahren spricht ein kommunistischer Staatsmann aus, was wir seit vierzig Jahren wissen. – Die Mehrheit der Bevölkerung weiß seit vierzig Jahren all das, was die Partei jetzt bereit ist, als Realität anzuerkennen.

Mühe: Funktioniert hat all das aufgrund der stalinistischen und nachstalinistischen Strukturen, die sich bis heute erhalten haben. Terror. Und daraus folgend Selbstzensur.

Thate: Das kenne ich ja auch sehr genau. Aber es hat mich nicht davon abgehalten, mich deutlich zu äußern.

Aber wieso haben die Künstler in der seit Monaten sich anbahnenden Situation in der DDR so lange geschwiegen? Wieso waren sie nicht mehr wie früher Teil der Avantgarde?

Thate: Die Künstler in der DDR besteigen jetzt ein Trittbrett des Zuges, den die Arbeiter auf die Schiene gebracht haben.

Müller: Das stimmt ja nun auch nicht. Das ist zu einfach. Das sind doch wieder Klischees. Die Arbeiter in der DDR sind viel mehr rechts orientiert als die Leute, die jetzt demonstrieren. Das sind junge Menschen und Intellektuelle oder Halb-Intellektuelle, Künstler. Die Arbeiter demonstrieren nicht.

Thate: Aber Du kannst nicht einfach all die ausklammern, die abhauen, die mit den Füßen abstimmen. Die haben doch die gesamte Bewegung eingeleitet – und die panische Reaktion der Regierenden hervorgerufen. Es ist die arbeitende Bevölkerung, die vorgerückt ist, die spricht und handelt.

Müller: Die Arbeiterklasse war faktisch der Hauptfeind in den vierzig Jahren DDR-Geschichte. Später wurde es die Jugend. Die Arbeiter haben derzeit auch das größte Mißtrauen gegen die neue Wendung.

Lassen Sie uns über die Zurückhaltung der Künstler sprechen...

Müller: Ich käme mir doch saudumm vor, wenn ich mich jetzt als Sprecher der Nation verlautbarte. Ich kann das nicht. Es wäre auch eine Anmaßung. Die Arbeiter sind ja auch zu Recht sauer auf die Künstler, denn wir alle haben unsere Privilegien angenommen. Das war sicherlich ein wesentlicher Teil nicht nur der stalinistischen Politik: Die Trennung der Intelligenz von der Arbeiterklasse. Das hat funktioniert. Kein Arbeiter traut einem Künstler oder einem Intellektuellen. Mit Recht.

Thate: Das stimmt nicht ganz, was du sagst.

Müller: Ich bin ganz sicher, daß es stimmt.

Thate: Nein, es stimmt nicht in dieser Pauschalität. In der DDR – und ich war ja lange genug da – gibt es eine viel stärkere Zuwendung zu Künstlern als beispielsweise hier.

Müller: Wenn man sie aus dem Fernsehen kennt. Du nimmst das sehr subjektiv.

Thate: Das ist wohl unser aller Problem, daß wir sehr subjektiv sind. Aber die Nähe zwischen Arbeitern und Künstlern war zu spüren in jener Phase der DDR-Geschichte, als noch Suche und Neugier auf Abenteuerlichkeit existierten. Das Experiment war Thema und erzeugte Kontakte...

Müller: ... und mehr Illusionen...

Thate: . . . was ja nichts Schlimmes ist. Vielleicht sollte man davon etwas wiederentdecken im Moment. Diese Stimmungen kann man doch nicht nur denunzieren. Wie schnell die Leute lernen in so einer Situation! Das hat doch konkrete Wirkung.

Müller: Sie sind ja das Problem, diese Illusionen. Und das Problem existiert seit 1917. Was jetzt stattfindet in all diesen sogenannten sozialistischen Ländern, ist der Versuch, vor 1917 noch einmal anzufangen, denn ab da lief etwas falsch. Zurück zu Lenin reicht eigentlich nicht.

Zurück zum Theater: Da gibt es doch eine alte deutsche Tradition, daß auf der Bühne Ideen und politische Vorstellungen verhandelt werden, bevor sie überhaupt in einer anderen Öffentlichkeit diskutiert, geschweige denn in der Realität durchgesetzt werden können. Wie wichtig war das Theater in der DDR in den letzten Jahren?

Mühe: Es hat funktioniert in diesem Sinne. Die Theater waren – jedenfalls in den zehn Jahren, die ich auf der Bühne stehe und es beobachten konnte – Vorreiter, haben auf Mißstände, auf Verschwiegenes hingewiesen – natürlich immer im zugelassenen Rahmen, denn es gab ja auch Stücke, die man nicht spielen durfte. Zwischen dem Publikum und denen, die spielen, hat sich jedoch schon seit langem eine Art unausgesprochenen Einverständnisses über die Inszenierungsabsichten etwa bei Klassikern entwickelt. Die Theater sind nicht Trittbrettfahrer. Wir am Deutschen Theater haben schon 1988 im Zusammenhang der Rosa-Luxemburg-Demonstration und der Relegation der Ossietzky-Schüler Versammlungen abgehalten, Resolutionen verfaßt und Briefe geschrieben, die kaum oder eigentlich nie beantwortet wurden. Innerhalb des Ensembles hat seitdem eine zunehmende Politisierung stattgefunden, so daß wir am 6. Oktober einfach gesagt haben: Wir machen jetzt die Theater auf – zum Beispiel für Diskussionen nach den Vorstellungen, deren Hauptthema nicht die Aufführung, sondern die aktuelle politische Situation sein soll, was wir dem Publikum vorher auch ankündigen.

Thate: Aber zu dem Zeitpunkt lag doch die Parteiführung schon in leichter Agonie, und die Abstimmung mit den Füßen fand statt.

Mühe: Aber die Angst vor dem, was am 7. Oktober passieren könnte, die Angst vor Peking, die war schon noch da.

Hatten die Theater eine Ventilfunktion als ein Freiraum, in dem sich Diskussionen austoben konnten ohne reale Folgen, und hatten dementsprechend die Künstler so etwas wie Narrenfreiheit? Ist das möglicherweise der Grund für die Zögerlichkeit, außerhalb des Theaters Stellung zu beziehen zur politischen Situation?

Müller: Ich meine mit dem Ablehnen einer Vorreiterrolle ganz was anderes. Wichtig ist im Augenblick, daß in der DDR jetzt die Leute reden, die bisher sprachlos waren. Das ist wichtiger, als wenn ich mich hinstelle und für andere rede. Ich kann nicht für Arbeiter reden. Das wäre eine Anmaßung. Das geht nicht mehr in einer modernen Gesellschaft.

Aber solange sich die meisten nicht selbst äußern können, ist es doch unbezweifelbar richtig, daß ein Schriftsteller wie Václav Havel in der CSSR für andere spricht.

Müller: Ich kann nicht beurteilen, was er in der CSSR bedeutet, ich weiß, was er im Westen bedeutet. Ich jedenfalls käme mir dumm vor, wenn ich mich für einen

Repräsentanten halten würde. Ich bin sechzig Jahre alt und kann nicht für die Freiheit der 18-jährigen auftreten. Es ist wichtig, daß die Sprachlosen reden und eine eigene Sprache finden.

In dem Moment, wo sie reden können und auch reden, ist das keine Frage mehr.

Mühe: An dem Punkt sind wir inzwischen.

Müller: Seit 1956 schreibe ich Texte, in denen – das klingt vielleicht kokett – all das steht, was jetzt diskutiert wird. Das ist meine Arbeit, aber nicht, Volksreden zu halten oder Manifeste zu schreiben. Das können andere besser.

Mühe: Auch wir im Theater haben das eher ungern gemacht.

Bei aller Lust der Künstler, der Schauspieler am Individualismus: Die morgen stattfindende Demonstration ist von Theaterleuten durchgesetzt und organisiert worden. Wie?

Mühe: Wir haben sehr schnell gemerkt, daß wir nur gehört werden und Resonanz bekommen, wenn wir in die Breite gehen. Am Vormittag des 7. Oktober haben sich die Vertrauensleute der Gewerkschaften und viele Schauspieler vom Deutschen Theater, vom Berliner Ensemble, von der Volksbühne und vom Maxim-Gorki-Theater zusammengesetzt in der Volksbühne; das war ein erstes Treffen dieser Art, ein zweites, schon wesentlich größer, fand dann am Sonntag drauf im Deutschen Theater statt, da kam Wolfgang Engel aus Dresden und hat von den Vorgängen dort berichtet. Es ging zunächst mal um Informationsaustausch, weil das große Manko bis dahin war, daß niemand genau wußte, was der andere macht.

Das hat sich inzwischen, auch dank der Veränderungen in den Medien, etwas gebessert. An diesem Sonntag, am 15. Oktober, kam der Vorschlag, eine Demonstration in Berlin zu organisieren – Berlin hing hinterher. Der 4. November wurde festgelegt – ein paar Tage später haben wir dann erfahren, daß das zu früh sei, die Anmeldefrist betrage vier Wochen. Da sind wir, alternativ, auf den 19. November gegangen und haben den Polizeipräsidenten gleichzeitig gebeten, den 4. November möglich zu machen, weil diese Information schon überall rum war. Und das wurde schließlich genehmigt.

Müller: Der Vorgang hat auch seine komische, seine theatralische Seite: Man muß sich ungeheuer beeilen, eine Tür einzutreten, bevor sie geöffnet wird.

Die Partei versucht, sich an die Spitze der Demonstrationen zu setzen . . . Wie kann man sich gegen eine solche Eingemeindung wehren?

Müller: Die Eingemeindung klappt ja so nicht. Aber es wird immer schwieriger. Alle reden über den nächsten Schritt, es gibt Stimmungen, aber keine Analyse. Man denkt nicht an den übernächsten Schritt. Und plötzlich wird der nächste Schritt genehmigt. Man steht ohne Strategie da. Es fehlt eine Vorstellung von dem, wie es weitergehen könnte. Die eigentlichen Probleme kommen erst nach dem Rausch. Der Rausch ist sehr wichtig: Eine deutsche Bevölkerung geht auf die Straße! Das hat es auch in der Bundesrepublik so nicht gegeben. Aber was kommt dann?

Thate: Jedenfalls nicht so diszipliniert.

Und nicht mit vergleichbar prinzipiellen Forderungen.

Müller: Volk ohne Angst – dieser dumme und richtige »Spiegel«-Titel – das ist ein Phänomen. Nur: Die ökonomische Situation ist schlimm bis katastrophal, und das wird Folgen haben. Die sozialen Widersprüche werden zerreißend werden in der DDR. Es wird spürbar für große Teile der Bevölkerung, anders ist das nicht zu retten – ohne Härten. Wie kann man noch Menschen motivieren, dazubleiben und zu arbeiten, mit dem Bewußtsein, daß sie weitere zwanzig Jahre Dinge nicht haben werden, die es in der Bundesrepublik längst gibt?

Thate: Ist denn der Staat als Staat noch zu halten unter solchen Druckbedingungen? Wie müßte die Kunst aussehen, wenn es die DDR denn noch gäbe? Die Revolution fraß ihre Kinder, entließ ihre Kinder, sie selbst wurde zum Krüppel – und jetzt braucht sie Hilfe ...

Müller: Im Moment ist WILHELM TELL sicher das beste DDR-Kabarett. Aber danach kommen abgründigere Stücke. WILHELM TELL wird in einem Vierteljahr nicht mehr lustig sein.

Was kann man sich vorstellen und wünschen für die DDR?

Müller: Ich weiß es nicht. Ich wünschte mir nur, es gäbe eine Möglichkeit, dieses Territorium zu halten, ohne daß es ein Bundesland der Bundesrepublik wird.

Thate: Und ohne daß es leer wird.

Müller: Leer wird es bestimmt nicht. Aber mit dem neuen Reisegesetz wird sicherlich, vorsichtig geschätzt, eine weitere Million Menschen verschwinden. Das sind junge und vor allem qualifizierte Leute, die anderen können es sich gar nicht leisten. Es wird nicht leichter durch die Erleichterungen. Also ist die Frage, ob es alternative Vorstellungen geben wird, die ausreichend motivieren, nicht auszureisen.

Mühe: Die Ausreisewelle, ungebrochen trotz der Ankündigung des neuen Reisegesetzes, war für Krenz sicher ein Grund, heute abend schon wieder im Fernsehen zu sprechen – daß da wieder Tausende in der Prager BRD-Botschaft sitzen, ohne die nächste Sitzung des Politbüros abzuwarten. Es fehlt an Vertrauen. Und es gibt schon ein deutliches Bewußtsein davon, daß das Land in Gefahr ist auszubluten.

Müller: In der DDR, wie in den anderen sogenannten sozialistischen Ländern, geht der Trend eindeutig hin zur Trennung der Kommunisten von der Macht. Und das muß ja nicht nur negativ sein. Die DDR hat dafür bessere Voraussetzungen als zum Beispiel Polen und Ungarn, wo man nicht weiß, was dabei herauskommt.

Thate: Aber dieses Risiko ist doch viel positiver als das Belassen in dem, wie es ist.

Müller: Klar. Das bedeutet dann auch – und ich sag's mal mit einer Klo-Inschrift vom S-Bahnhof Warschauer Straße, an der Wand, schon vor zwei Jahren: Wie kann die Partei die Faust ballen, wenn sie ihre Finger überall drin hat? Die Partei muß heraus aus der Verantwortung für Bereiche, in denen sie nicht kompetent ist. Die Partei muß heraus aus den Betrieben, die Partei muß heraus aus den wissenschaftlichen Instituten.

Wo bleibt sie dann?

Müller: Sie kann dann wieder – dogmatisch formuliert – freier versuchen, Theorie zu machen, Konzeptionen zu entwickeln, statt den Chirurgen vorzuschreiben, wie sie operieren müssen. Oder den Künstlern vorzuschreiben, wie sie Kunst zu machen hätten. Ober den Betriebsleitern, wie sie den Betrieb leiten sollen ...

Thate: Das war vor allem nie die Maßstäblichkeit einer Partei, sondern die eines Politbüros, einer Anhäufung von Kleinbürgern – entsprechend ihrem Geschmack.

Müller: Ihr Job ist die Politik, aber nicht die Chirurgie und nicht das Theater.

Als Politiker sind sie aber immer noch hauptverantwortlich für das gesellschaftliche Bewußtsein. In diesem Zusammenhang finde ich übrigens bemerkenswert, daß in der DDR im Moment, bei der »Wende«, das wieder stattfindet, was auch schon nach 1945 deutsche Wendigkeit war: Damals ist fast niemand Nazi gewesen, jetzt kaum einer Sozialist ...

Thate: Es gibt eine deutliche Verbindung zwischen Apologetismus und Beschwörertum; die ehemals perfekten Ja-Sager werden nun zu euphorischen »Wende«-Vertretern.

Bedeutet die derzeitige Entwicklung für Sie beide, Heiner Müller und Hilmar Thate, die sie den Beginn der DDR schon halbwegs erwachsen miterlebt haben, nicht auch einen schmerzlichen Verlust an persönlicher Utopie?

Müller: Nein. Für Hilmar ist das sicher wieder ganz anders.

Thate: Ich fände es tragisch, wenn die DDR nicht mehr existiert. Es wäre wichtig, daß in diesem Bereich – Europa, Deutschland – der Versuch eines anderen gesellschaftlichen Modells als in der Bundesrepublik glaubwürdig ausprobiert werden könnte. Wenn das erreicht würde, wäre das für mich etwas Großes.

Warum kein Utopie-Verlust bei Heiner Müller?

Müller: Ich wußte eigentlich alles über die DDR und über den Stalinismus schon 1945; das war für mich keine überraschende Aufklärung durch den XX. Parteitag. Ich hatte schon immer ein gebrochenes oder distanziertes Verhältnis zur DDR. Die hat mich seit je vor allem als Phänomen interessiert, nicht als Rauschmittel. Was mich jetzt interessiert, ist die Trennung der Kommunisten von der Macht – und in diesem Zusammenhang ein bestimmter Punkt: Der einzige Mönchsorden, den es im Moment gibt, der die Utopie noch besetzt hat, sind die Terroristen; wenn es einen zweiten Mönchsorden gäbe, die Kommunisten, die den Terroristen ein Stück Utopie abnähmen und ein Stück dieses Territoriums besetzten ... Das können sie aber nur, wenn sie sich aus der Verantwortung für die Miseren, die sie angerichtet haben – nicht allein, aber doch vornehmlich – herauszögen. Sie können das auch als religiös denunzieren, wenn Sie wollen, wie den Text aus Brechts MASSNAHME: »Die Tür zerfallen / Sitzen wir doch nur / Weiterhin sichtbar / Die der Frost nicht umbringt noch der Hunger / Unermüdlich / Beratend / Die Geschicke der Welt.« Ich glaube nicht, daß der Kapitalismus allein noch eine Zukunft hat; ich glaube, daß der Kapitalismus in seine eigene Zukunft investiert, wenn er in diese kranken sozialistischen Ruinen investiert.

Ich würde das nicht religiös nennen, sondern denke, daß es durch die Hintertür der Künstler wieder reinkommt in den politischen Diskurs.

Müller: Gut. Was aber andererseits feststeht: Für eine Generation hat der Sozialismus keine Attraktivität mehr, schon das Wort kann man kaum noch nennen. Selbst in der DDR wird man in der Zukunft nicht mehr von Sozialismus reden können, sondern von dem, was konkret ist und machbar.

Läuft das auf Sozialdemokratie und Marktwirtschaft, auf soziale Marktwirtschaft hinaus?

Müller: Das muß nicht unbedingt sein. Diese Marktwirtschaft ist ja auch ein Phantom, gibt es auch längst nicht mehr, ist genau so eine Ideologie wie der Sozialismus.

Thate: Eine wirksamere. Aber viel wichtiger ist doch die dritte Sache: die Bewohnbarkeit des Planeten. Vielleicht zerbrechen wir uns jetzt den Kopf über Entwicklungsmöglichkeiten oder -hoffnungen, die gar nicht mehr erlebbar sind, wenn nicht globale Strukturüberlegungen angestellt werden, die jenseits von Systemfragen stattfinden müßten. Wir haben uns schließlich an den Rand der Existenzfähigkeit manövriert.

Wie ist das für Sie, Ulrich Mühe? Sie sind jetzt 36 Jahre alt, also zu einer Zeit aufgewachsen, als die DDR nicht einmal mehr für Wohlmeinende eine positive Utopie zu repräsentieren vermochte, geschweige denn vorspiegeln konnte...

Mühe: Ich bin erst während der Armeezeit an der Berliner Mauer gewesen als Soldat – das heißt, ich hab's nicht ganz ausgehalten, sondern Magengeschwüre bekommen. Die Mauer und das Berliner Thema waren in meiner Jugend, aufgewachsen bin ich in der Nähe von Leipzig, überhaupt kein Thema. Die Probleme, die Leute in meinem Alter beschreiben: den Verlust von West-Berlin, die kannte ich nicht. Als ich dann zu denken begann – sagen wir mal: nach dem Abitur und nach der Militärzeit –, da hatte ich bereits einen Beruf, der ein Privileg bedeutet, weil ich mich mit Utopien beschäftigen kann, für die andere entweder keine Zeit haben oder die ihnen verboten werden. Natürlich habe ich dann auch den Beruf benutzt, um eine eigene Karriere zu machen, und die Privilegien genommen, die ich bekommen konnte. Ein solches Verhalten kann ich mir nicht mal vorwerfen, weil die Kulturpolitik seit über zehn Jahren, seit Biermann und den Folgen, auf diesem Gebiet absolut schwimmt. Die Kulturpolitiker wußten nicht mehr, wie sie mit Künstlern umgehen sollten. Sportler kann man zu Wettkämpfen schicken – und die kommen dann in der Regel zurück. Wenn man sich im Bereich der Kunst international vergleichen will, dann muß man auch Künstler irgendwann losschicken. Aber das Dumme in diesem Fall ist: Reisen bildet – und dann kommt man nach Hause zurück und beginnt, über andere Dinge zu sprechen. Wie damit umgehen? Die einen bekamen Drei-Jahres-Visa, die anderen Privilegien...

Müller: Die Schauspieler waren immer die Lieblinge des Regimes.

Schauspieler und Macht – das ist vielleicht ein zu weit führendes Thema...

Müller: Es gab jedenfalls nur selten Dramatiker, die Lieblinge des jeweiligen Regimes waren.

Racine...

Müller: Racine, gelegentlich. Molière ist fast immer reingefallen.

Thate: Goethe ...

Müller: Goethe war kein Dramatiker.

Aha. Doch von Weimar zurück zur DDR. Und zum Gegenwartstheater. Die Chefdramaturgin des Magdeburger Theaters hat gefordert, alle Spielpläne in der DDR müßten angesichts der neuen Entwicklungen revidiert werden.

Mühe: Revidiert – nein. Wir haben ja Spielpläne gemacht nach unseren Möglichkeiten. Wenn diese Möglichkeiten erweitert sind, müssen sie genutzt werden. Aber das bedeutet doch nicht, daß alle vorherigen Entscheidungen über den Haufen geworfen werden müßten.

Müller: Es gibt jetzt zwei Linien. Das größte theatralische Ereignis der letzten Zeit war eine Veranstaltung, auf der Ulrich Mühe große Passagen aus Walter Jankas biographischem Bericht SCHWIERIGKEITEN MIT DER WAHRHEIT gelesen hat. Es wurde eine halbe Stunde stehend applaudiert – dem Walter Janka. Das kann man im Moment mit keinem Theaterstück der Welt erreichen. Also muß man so etwas machen. Ohne Kunstanspruch, ohne Aufwand. Es wird schon problematisch, wenn man sich vorstellt, daß jetzt junge Dramatiker anfangen, aktuelle Stücke zu schreiben, denn sie werden, wie in der Sowjetunion, bald vom Journalismus überholt. Die andere Linie: Wenn ich zum Beispiel jetzt HAMLET inszeniere, dann ist das unabhängig von aktueller Politik, weil es den Abgrund zeigt, der hinter jeder Politik sich auftut. Da wird es vielleicht einfacher, diesen Abgrund sichtbar zu machen.

Mühe: Das haben wir jahrelang versucht: Mit Aufführungen das zu kompensieren bzw. herzustellen, was der

Journalismus nicht leisten konnte, durfte; dabei geht Schauspielerei leicht kaputt. Jetzt müßten wir uns mehr auf die Kunst konzentrieren.

Müller: Es ist wie mit der Malerei und der Fotografie. Die Malerei konnte autonom werden durch die Entwicklung der Fotografie. Jetzt gibts Journalismus, Presse, Medien, jetzt könnte die Kunst autonom werden. Auch wenn das zunächst nicht die Säle füllt und populär ist. Für die andere Linie, die Aufarbeitung der Geschichte, kann man ganz einfach die vorhandenen Theater, die Räume nutzen – und die Bekanntheit der Schauspieler. Mühe war ein Vehikel für Janka und die verschwiegene Wahrheit.

Was bedeutet es für Künstler, die gelernt haben, sich unter den Bedingungen eines unterdrückenden Staates gleichsam immer im Widerspruch, im Widerstand zu artikulieren, wenn dieser Grundwiderspruch wegfällt, wenn sie plötzlich positive Repräsentanten einer positiv eingeschätzten Entwicklung werden könnten? Fehlt dann ein kreativer Stimulus?

Thate: Wenn es denn so wäre, wäre es nicht schad drum.

Müller: Ich brauche das nicht mehr. Ich weiß nicht, wie ich vor 20 Jahren geantwortet hätte.

Mühe: Wenn ein echtes Feindbild fehlt, geht bestimmt erst mal was verloren.

Müller: Mir nicht. Ich hab auch dann noch genügend Feinde.

Thate: Aber wir sind doch Produkte eines bestimmten Systems: »Unglücklich das Land, das Helden nötig hat.«

Und Künstler fallen halt auseinander, zum Beispiel in das, was sie schreiben, und in das, was sie aktuell tun. Schwierig. Das sieht man ja auch am Heiner. Das meine ich nicht moralisierend.

Müller: Der alte Goethe-Satz hat schon seine Wahrheit: »Die Strumpfwürker in Apolda hungern, und ich muß die IPHIGENIE in Jamben setzen.«

Vom Publikum aber gibt es die Forderung an die Künstler, auch moralische Vorbilder, Repräsentanten zu sein...

Müller: Ich finde diesen Anspruch ganz richtig. Nur zeigt sich darin kein Dilemma der Kunst, sondern eines der Gesellschaft. Ich würde nie behaupten, daß Kunst menschenfreundlich ist; sie ist etwas ganz Unfreundliches...

Mühe: ... etwas Zersetzendes. Ich halte das terroristische Moment an Kunst für sehr wichtig.

Thate: Da seid Ihr jetzt grad drauf – HAMLET...

HAMLET ist, wie Jan Kott mal schreibt, ein Schwamm. Wieviel saugt er auf von der aktuellen Situation in der DDR?

Mühe: Man kommt zu HAMLET nicht mehr.

Müller: Das ist ein reines Arbeitsproblem. Das Stück braucht keine aktuelle Situation, aber es kann jede aktuelle Situation gebrauchen. Ich wüßte nicht, wie ich HAMLET in der Bundesrepublik inszenieren sollte, es würde mir nichts einfallen. Theater hat dort im Augenblick ohnehin keine vitale Funktion.

Wann würden Sie, Hilmar Thate, darüber nachdenken, wieder in die DDR zurückzukehren?

Thate: Das ist, nach zehn Jahren hier im Westen, keine einfache Frage, weil sich inzwischen auch hier Arbeitszusammenhänge, Freundschaften, Bündnisse ergeben haben. Aber meine Wurzeln stecken teilweise noch in der DDR, ein Großteil meiner Biographie. Unabhängig von der persönlichen Frage: Die DDR müßte wieder glaubwürdig werden. Bis vor drei Wochen war das eine Anhäufung von aus Lügen entstandenen und bis zu Verbrechen gehenden Haltungen – ich rede nicht von den Anfängen, den Ausgangspunkten. Wenn die Kruste durchbrochen, wenn Ansätze von Lebendigkeit erkennbar würden – es muß ja nicht gleich das Paradies auf Erden werden ...

Mühe: Wichtig ist die Unumkehrbarkeit der Entwicklung. Da muß jeder einzelne in seinem Bereich daran arbeiten. Für mich findet in der DDR das größte gesellschaftliche Experiment in Europa statt, spannender noch als in Ungarn und Polen.

Warum?

Mühe: Wenn die SED ihr Machtmonopol aufgibt, könnte die DDR verschwinden, weil sie damit ihre Existenzberechtigung verliert in Abgrenzung zur Bundesrepublik. Wenn die SED ihr Machtmonopol nicht aufgibt, könnte es sein, daß die Bevölkerung wegläuft. Das ist in Polen und Ungarn ganz anders. Wenn es gelänge, diese Entscheidung auszubalancieren und das auf demokratische Weise!

Thate: Um das zu erreichen, müssen die Menschen noch sehr lange und immer wieder auf die Straße gehen, denn wenn sich die Auseinandersetzungen in die Räume verziehen, dann haben die Konservativen, die Ewiggestrigen gewonnen. Die Straße ist ein guter Ort. Und solange ich keine Analyse, keine Selbstkritik wahrnehme, ist die Wende für mich Beschwörungsgestammel und Parteimetaphysik.

Müller: So schwer mir das zu sagen fällt: Die Rede von Krenz heute abend ging an die Grenze dessen, was er sagen kann. Was wir brauchen: Demokratie, das heißt, Herrschaft von Gesetzen. Bisher hatten wir die Herrschaft von Menschen. Dieser Übergang wird schwierig, ist aber notwendig. Deshalb müssen jetzt auch ungeheuer viele der Herrschenden abgelöst werden.

Thate: Viele haben sich dadurch kriminalisiert, daß sie zu lange im Amt sind. Gut, daß sie jetzt gehen (müssen). Auch an der Macht verhielten sie sich immer noch wie in der Illegalität: geheimniskrämerisch und statt offener Diskussion die Dämonisierung des Gegners praktizierend.

»Wir sind das Volk« lautet eine Parole der DDR-Bürger im Widerstand gegen ihre Herrschenden. Aber braucht es nicht, gerade wegen der eben geschilderten Verhältnisse, einen aufgeklärten Absolutisten wie Gorbatschow auch in der DDR? Zumindest für den Übergang? Was ist die Perspektive?

Mühe: Unabhängig von Personen: Der Staat behält die Produktionsmittel und schafft die Planwirtschaft ab.

(Lachen)

Müller: Meine Antwort ist leider nicht von mir, sondern vom italienischen KP-Chef Nato ...

. . . Sie meinen Natta. Aber der KP-Chef heißt inzwischen trotzdem Occhetto . . .

Müller: . . . auch gut. Der hat gesagt: »Speiseeis vom Staat ist einfach Wahnsinn!«

Ernst beiseite: Was könnte eine sich verändernde DDR an konkreter Utopie neuformulieren und verwirklichen, das auch mich, den skeptischen, aber sozial aufgeschlossenen Wohlstandsbürger der Bundesrepublik, faszinieren würde?

Müller: Die offiziell gültige konkrete Utopie, die man gerade deshalb nicht anzunehmen bereit ist, enthält ja Positives; ich meine die dumme Parteiformel der Einheit von Wirtschafts- und Sozialpolitik. Gemeint ist der Versuch, eine moderne Industrie zu betreiben, nein: aufzubauen eigentlich, ohne eine Zweidrittelgesellschaft mitaufzubauen, bei der ein Drittel im Gulli verschwindet. Ob das gelingt, weiß ich nicht. Aber das wäre eine wirkliche Alternative. Wenn man jetzt die Wirtschaft in Gang bringen will, kann es durchaus sein, daß dieses Drittel auch in der DDR entstehen wird – wie in Ungarn, wie in Polen, wo es fast zwei Drittel sind, die durch das soziale Netz fallen werden. Die DDR-Utopie wäre, das zu vermeiden und trotzdem als Industriestaat zu existieren.

István Eörsi sagte vor ein paar Monaten: Es wird sehr schwer für mich in Ungarn als Sozialist, weil ich wieder zwischen allen Stühlen sitzen werde. Es gibt keine Tradition des Sozialismus hier, die vorbildlich wäre; es gibt aber die zurückgedrängten, nie verarbeiteten Reste faschistischen Denkens, die möglicherweise rasch wieder auftauchen werden. Gilt diese Gefahr auch für die DDR?

Müller: Die Chance für die DDR besteht in dem bösen Satz: Kein Deutscher kann eine Lüge lange sagen, ohne sie zu glauben. Die Leute, die demonstrieren, bestehn auf der Wahrheit der Phrase und verlangen jetzt, daß sie Realität wird. Sie wissen, daß es eine Phrase ist, aber sie fordern die Einheit von Wirtschafts- und Sozialpolitik jetzt ein. Das gilt auch für das Verhältnis zur Polizei. In Leipzig am 9. Oktober standen die Panzer bereit, auch in Berlin; es war alles auf Peking programmiert von der alten Führung; durch eine Verkettung von glücklichen Zufällen hat das nicht stattgefunden. Es begann in Leipzig mit Kurt Masur, der zur Partei-Bezirksleitung gegangen ist und gesagt hat: Das geht nicht. Dann haben die Kommandeure noch mal in Berlin nachgefragt. Das ist sicher ein persönliches Verdienst von Leuten wie Masur. Dann hat Krenz, nicht Honecker, der noch im Amt war, wohl zugestimmt: keine Panzer. Bloß: die Brutalität der Polizei, die faschistischen Verhaltensweisen in ihrem Staat haben die Demonstranten nicht erwartet. Sie sind – etwas überspitzt – nie auf die Idee gekommen, daß die Polizei ihr Feind sein könnte. Hier weiß doch jeder Jugendliche, daß die Polizei dazu da ist, den Staat gegen das Volk zu schützen. Daß dies auch bei uns die erste Funktion ist, hat man nicht geglaubt.

Übertreiben Sie nicht die angebliche Naivität der Bevölkerung?

Mühe: Viele Polizistenwitze haben darauf angespielt, daß Polizisten dumm sind, aber daß sie brutal sind, hat man erst jetzt gemerkt.

Müller: Es geht nicht allein um Brutalität. Es hat irgendwo in den Hinterköpfen die Vorstellung gegeben: Es ist ein dummer Vater, es ist ein brutaler Vater – aber es ist doch der Vater. Das fängt doch im Kindergarten an ...

Das kann ich aber von den jungen Leuten, die ich in der DDR kenne, nicht bestätigen.

Müller: Der Schock war die Form.

Daß das Ritual nicht mehr eingehalten wurde: Festnahme, Freilassung und Ermahnung nach drei Tagen, jedenfalls in der Regel. Aber daß Chile auch in der DDR existiert...

Müller: ... das hielt niemand für möglich.

Mühe: Durch ein Buch wie das von Walter Janka wird jetzt allen klar, daß es da eine direkte Linie gibt.

Die »Wende« soll ja nun auch die Überprüfung des Verhaltens der Polizei mit sich bringen. Am bemerkenswertesten aber scheint mir doch die Schnelligkeit und Behendigkeit der »Wendehälse« zu sein, die Unfähigkeit zu trauern, der Konsens sogar mit den Demonstrierenden, daß – um solch hohen Preis – das Alte irgendwie neu am Funktionieren gehalten werden soll. Führt solche Verwischung der Fronten für Künstler nicht dazu, eine ganz neue Haltung zu Staat und Politik zu formulieren?

Thate: Das bleibt wohl offen. Das kann man nicht prognostizieren. Ein neues Menschenbild und Künstlerbild jetzt entwerfen zu wollen, würde zu neuen, aber den alten vergleichbaren Fehlern führen.

Mühe: Sich damit zu beschäftigen, wird in Zukunft sicher die traurige Aufgabe des Theaters sein.

Müller: Jetzt geht es erst einmal um Archäologie, um Leichen-Ausgraben.

Und welche kommen dann zum Vorschein?

Müller: Sehr viele. Zu viele.

Mühe: Wir hatten für morgen noch die schöne Losung: Leichen aus dem Keller, Schnitzler auf den Teller – aber nun ist der auch schon weg. Es geht tatsächlich sehr schnell.

Thate: Und das ist eben noch oder schon wieder stalinistisch: diese Art der Abhalfterung. Obacht, gebt Obacht!

Müller: Schauspieler!

Ohne Hoffnung, ohne Verzweiflung
Ein Gespräch für »Der Spiegel«, 49/1989

Sie proben hier am Deutschen Theater den HAMLET. *Kann man in diesen Zeiten überhaupt Theater machen?*

Machen schon. Die Frage ist nur, ob man's noch verkaufen kann.

Die Straßen sind voll, die Theater sind leer.

Das kann man so sagen. Nun funktioniert dieses Stück ganz gut. Weil es ein Stück über eine Staatskrise ist, über den Riß zwischen zwei Epochen und über einen jungen Mann, der in diesem Riß steckt. Die spannende Frage am Ende lautet: Wer übernimmt den Staat? Wer ist Fortinbras?

Kommt er aus Bonn?

Zum Teil aus Bonn, zum Teil aus Cottbus. Das Problem ist, beide zusammenzubringen.

Ihre Proben haben lange vor dem 9. November begonnen. Hat sich die Arbeit in der Zwischenzeit verändert?

Sie ist langsamer geworden. Die Schauspieler sind auf Demonstrationen beschäftigt. Und im technischen Bereich gibt es seit der Maueröffnung viele freie Stellen.

Vor ein paar Wochen noch wurde in Ost-Berlin geklatscht, weil der Landvogt in WILHELM TELL *als Parteibonze verstanden werden konnte. So einfache Theatersiege wird es in Zukunft nicht mehr geben.*

Und das ist auch gut so. Die Kunst hat vom Mangel gelebt. Peter Brook erzählt von einer Theateraufführung kurz nach dem Krieg: Da trat ein Clown vor hundert Kindern auf und hat nur Wurstsorten aufgezählt. Und bei jeder Wurstsorte haben die Kinder gejubelt, weil sie die nicht hatten. Das war bei uns die Funktion von Theater.

Wie reagieren die Theater auf ihre neue Autonomie?

Vor allem zu langsam. Die Apparate sind zu schwerfällig, um spontan mit neuen Spielplänen zu reagieren. Aber diese Langsamkeit ist ein Grundproblem der DDR. Ehe die DDR merkt, daß sie gekauft wird, ist sie schon verkauft. Deutsche kaufen Deutsche.

Ihre Schauspieler haben sich in einem offenen Brief an Helmut Kohl gegen dessen Wiedervereinigungsgedanken gewandt. Am Schwarzen Brett hingen dann die Reaktionen: Das Theater sei eine »Lumpenbühne«, den Schauspielern, diesen »politischen Umweltbeschmutzern«, wird empfohlen, in »den Kohlengruben« zu arbeiten. Überrascht Sie das?

Nein, das sind ganz verständliche Reaktionen. Es gab ja diese kalkulierte Trennung zwischen privilegiert und nicht privilegiert. Die Künstler gehörten zu den Privilegierten. Und die Unterprivilegierten waren die Mehrheit der Bevölkerung, die im Namen des Sozialismus entrechtet wurde. Die können jetzt nach 28 Jahren zum ersten Mal rüber, sind wie benommen von dieser Pracht und fühlen sich um ihr Leben betrogen. Die sagen sich doch: Diese Scheißkünstler konnten das schon immer, und ausgerechnet die wollen sich jetzt zum Sprachrohr machen. Das ist eine ganz normale Form von zivilem Bürgerkrieg. Das gehört zu jedem revolutionären Prozeß.

War der 9. November eine Revolution?

Die erste deutsche Revolution von unten.

Und jetzt wird abgerechnet?

Vor kurzem ging einer zu einem bekannten Anwalt, der hinter seinen Aktenbergen fast verschwand und stöhnte: »Alles Denunziationen.« Aber es ist wichtig, daß diese Verfahren jetzt laufen.

Welche Rolle sollten da die Künstler übernehmen?

Eine so kleine wie möglich. Ich halte diese ganzen Aktivitäten für äußerst dubios. Denn natürlich hat keiner seine Privilegien abgelehnt. Auch die nicht, die jetzt drüben so tun, als seien sie Märtyrer gewesen. Es gibt Ausnahmen, Erich Loest etwa oder Jürgen Fuchs. Loest würde ich nie etwas von dem übelnehmen, was er sagt, so falsch ich es auch immer finden würde.

Und Sie selber?

Ich habe mich nie als Märtyrer gefühlt. Meine Stücke waren vielleicht ein bißchen länger verboten, aber ich habe das nie als Passionsweg empfunden. Mein Privileg war, daß meine Stücke wenigstens im Westen gespielt wurden.

Bei Ihnen wurde nicht nur geklatscht, sondern auch gepfiffen, als Sie am 4. November auf der von Theaterleuten organisierten Demonstration auftraten.

Ich bin kein Volkstribun. Ich kann nicht mit 500 000 Menschen reden und sagen: »Mein Volk«, weil es nicht mein Volk ist. Ich habe einen Text einer Initiative für unabhängige Gewerkschaften verlesen, in dem darauf hingewiesen wurde, daß bei einer Wirtschaftsreform wieder die Arbeiter die Hauptlast trügen. Die einen waren empört, daß ich nichts eigenes sagte, die anderen, weil sie mich, wahrscheinlich wegen der Brille, für irgendeine dunkle Figur aus einem Gewerkschaftsgully hielten, für einen Mafioso, der hetzen will. Da gab es dann Zwischenrufe wie »Demagogie«, »Aufhören« oder »Arbeiten gehen«.

Wie wollen Sie das Mißtrauen gegen die abbauen, die ganz bequem in dem Sozialismus gelebt haben, den die Künstler retten wollen?

Indem man in die Betriebe geht. Es kann gut sein, daß man dort verprügelt wird. Aber man muß es probieren.

Können Sie sich vorstellen, wie die Belegschaft von Bergmann-Borsig auf die »Hamletmaschine« reagiert?

Wahrscheinlich werden sie sagen: »Was soll der Quatsch?« Und dann kann man reden... Aber ich weiß gar nicht, ob ich den Sozialismus retten will. Man muß vorsichtig mit dem Begriff umgehen. Den Sozialismus hat es nie gegeben. Das war eine Idee im Hinterkopf von Intellektuellen. Als Realität war es die Kolonisierung der eigenen Bevölkerung, war es das Stalinsche Konzept.

Möglicherweise interessierten sich die Zuschauer für den real existierenden Kapitalismus mehr als für die Probleme beim Aufbau des Sozialismus?

Richtig. Die historische Perspektive ist ihnen ausgeprügelt worden. Die Trennung der Kommunisten von der Macht, die jetzt global stattfindet, ist aber auch eine Chance. Eine Chance, den Begriff von Utopie zurückzugewinnen, der bisher von den Terroristen verheizt wurde.

Ohne Utopie kann man nicht leben?

Nein. Nicht auf Dauer, ohne Schaden zu nehmen. Sicher, man kann mit dem Fickbomber nach Bangkok fliegen, dazu braucht man keine Utopie. Das kann man so lange machen, bis man Aids hat.

In Ihrem Stück DER AUFTRAG *verrät der Held Debuisson in dem Moment seine Utopie, als er bemerkt, wie schön Jamaika ist.*

Das ist die Lage . . . Ich beobachte sie als Phänomen – ohne Hoffnung und ohne Verzweiflung. Es ist großartiges Material, was einem Dramatiker da angeboten wird.

Was ist mit der Wiedervereinigung?

Ich fürchte, die läßt sich kaum noch verhindern. Aber es wäre todlangweilig.

Warum sind Sie dagegen?

Es würde eine Farbe fehlen in Europa. Ein Motiv der Bundesrepublik ist natürlich, daß man jetzt die Türken loswerden kann, weil es ja nun Deutsche für die Dreckarbeit gibt. Eine deutsche Putzfrau ist sauberer, auch wenn sie aus Cottbus kommt, als eine polnische oder türkische. Für viele in der DDR ist es beleidigend, wie Kohl als neuer Kolonialherr auftritt. Die DDR hat den Krieg verloren und bezahlt. Und die Bundesrepublik hat ihn gewonnen. Wie auch die Amerikaner den Vietnamkrieg letztlich gewonnen haben. Denn es geht ja nicht um militärische, sondern um ökonomische Kategorien.

Selten ist ein Kolonialherr so freundlich begrüßt worden. Es gibt viele DDR-Bürger, die in Kohls Vorschlag keinen kriegerischen Akt sehen.

Natürlich ist es einer. Wenn man den einen Kolonialherrn los ist, hält man den anderen für einen Freund. Aber man bleibt Kolonie.

Vor Jahren hatten Sie in einem Interview gesagt, die innere Freiheit der asozialen Kids am Prenzlauer Berg sei größer als die der Angestellten im Westen. Nun scheint es, daß die Freiheit erst mal ins nächste Kaufhaus führt.

Was ich mir wünschen würde, wäre ein Massendiebstahl. Man bräuchte dazu mindestens 500 Leute; aber das ist schwer zu realisieren.

Aber alle haben brav ihr Begrüßungsgeld ausgegeben.

Darüber war ich fürchterlich enttäuscht. Weil ich glaube, daß sie das Recht hätten, die Freßetage im KaDeWe zu plündern.

Jetzt sind wir nicht mehr glaubwürdig
Ein Gespräch mit Jeanne Ophuls für »Die Weltwoche«,
18. 1. 1990

Sie haben gesagt, seit Ihrer Kindheit könnten Sie Massen schlecht vertragen. Können Sie das erläutern?

Meine Kindheit hat zu Zeiten Hitlers stattgefunden. Mein Vater war im KZ, und ich fühle mich daher immer ein bißchen bedroht von Massen. Es ist nicht so, daß ich Angst hätte, aber ich habe kein Umarmungsverhältnis zu Menschenmassen. Das ist einfach das Problem: So schön diese Losung war – »Wir sind das Volk« im Gegensatz zu »Der Staat bin ich« – man ist sich trotzdem darüber klar, daß das sehr schnell umschwingt in »Du sollst keine anderen Völker neben mir haben«.

Am 4. November war es doch vorauszusehen, daß der Ruf nach einer deutschen Einheit kommen würde?

Das was schon klar. Es kann hier keine linke Opposition geben. Die letzten 40 Jahre provozieren eine Gegenreaktion. Die kann nicht freundlich sein, obwohl sie bisher zivile Formen angenommen hat.

Damals hatten Sie dem DDR-Fernsehen ein kurzes Interview gegeben, in dem Sie sagten, Sie hätten Privilegien gehabt und könnten sich deswegen schlecht äußern.

Dazu eine Anekdote. Ich lag im Bett mit einer Frau in Westberlin. Das war alles sehr angenehm, und sie erzählte mir von einem Platz in Rom, und ich sagte: »Ja, den kenne ich auch.« Dann sagte sie: »Du Schwein!« Ich wußte nicht, was ich falsch gemacht hatte. Das war so –

sie war mit einer Freundin durch die DDR nach Berlin gefahren, und unterwegs hatten sie einen jungen Mann mitgenommen. Als sie erzählten, daß sie gerade in Rom gewesen waren, wurde der ganz traurig, weil er schon immer nach Italien wollte, aber nicht konnte.

Also mit »Privilegien« meinten Sie hauptsächlich Reisen?

Reisen seit 1966, denn vorher hat es mich auch nicht interessiert. Als die Mauer gebaut wurde 1961, fanden wir das eigentlich alle prima. Damit haben wir uns identifiziert, denn wir wären nie auf die Idee gekommen wegzugehen. Es wurde erst ein Problem für die Masse der Bevölkerung, als die Lage in der DDR immer finsterer wurde.

War es dann auch für Sie reizvoller, immer wieder rauszukommen?

Natürlich. Wenn ich nicht rausgekonnt hätte, hätte ich auch nicht hierbleiben können. Ich hätte das meiste von dem, was ich geschrieben habe, nicht schreiben können, ohne zu reisen.

Meinen Sie, es war eine Sicherheit zu wissen, daß Sie auf alle Fälle im Westen veröffentlicht werden?

Das meine ich gar nicht. Nein, ich meine einfach die Möglichkeit, die DDR von außen zu sehen, und auch die Möglichkeit, sich mit den negativen Dingen abzufinden. Das war die kalkulierte Politik – die Trennung der Künstler von der Bevölkerung durch Privilegien. Jetzt sind wir nicht mehr glaubwürdig. Es hat sich jetzt rausgestellt, daß es in der Bevölkerung eine absolute Kunstfeindlichkeit gibt, die sogar gefährliche Züge hat. Sie ruht auf dem Vorwurf: »Die haben die ganze Zeit Privilegien gehabt, und jetzt reißen die das Maul auf!« Da ist auch was dran. Das sagte auch Foucault: Diese Repräsentanz ist vorbei. Ich kann nicht für die Nation sprechen. Ich kann nicht für die Arbeiter sprechen. Da ist etwas verlorengegangen.

Was wird jetzt aus den Schriftstellern, die bekannt geworden sind durch diese Funktion der Repräsentanz?

Das wird sicher hart. Es wird schwierig für die, die jetzt anfangen. Für die unbekannten wird es schwierig. Kunst wird jetzt erst autonom in der DDR. Theater war ein Ersatz für freie öffentliche Presse, und diese Ersatzfunktion fällt weg. Das heißt, Kunst wird elitär. Die Theater werden nicht mehr so überlaufen sein. Das ist ganz normal und ist wie mit der Malerei: Durch die Erfindung der Fotografie ist Malerei abstrakt geworden.

Sie haben erwähnt, daß Ihr Vater im KZ war. Wie beeinflußt das Ihre Einstellung zur Frage der deutschen Einheit?

Ich bin unter der einen Diktatur aufgewachsen und unter der nächsten erwachsen geworden. Die war zuerst eine Gegendiktatur, eine Gegengewalt für mich, selbst in stalinistischer Form. Ich konnte mich damit halb identifizieren. Im Grunde war es die Fortsetzung einer schizophrenen Kindheit: In der Schule sagte man »Heil Hitler«, und zu Hause hat man über alles gesprochen. Das setzte sich später auch fort, unter dem neuen Regime. Schon nach den ersten Jahren hatte mein Vater als Sozialdemokrat sehr schnell Schwierigkeiten. Er wäre auch mit Sicherheit ins Zuchthaus gekommen, wenn er nicht rechtzeitig aus der Partei gegangen wäre. Aber trotzdem konnte ich mich damit mehr identifizieren als mit dem Vorhergegangenen. Sogar mit der Gewalt, solange sie nicht mich selbst betraf. Man gewöhnt sich an die Gewalt, man ist sogar fasziniert von ihr. Es wird ein Problem, das demokratische Denken zu lernen. Ich kann schwer demokratisch denken nach 40 Jahren Diktatur.

Und wie ist es Ihnen 1968 ergangen, als die ostdeutschen Truppen in Prag einmarschierten?

Ich habe Glück gehabt. Da bin ich auch froh, denn ich wäre in große Schwierigkeiten geraten oder in große Verlegenheit. Brecht ist rechtzeitig gestorben, 1956, vor Ungarn. Ich war 1968 in Bulgarien bei meiner Frau. Ich weiß nicht, was passiert wäre, wenn ich hier gewesen wäre.

Warum wäre es für Sie schwierig gewesen?

Na ja. Viele sind in Schwierigkeiten gekommen damals, weil sie sich solidarisiert haben mit Dubcek gegen die Invasion, und das hatte damals sträfliche Folgen, wie zum Beispiel für Thomas Brasch. Das wäre einfach eine Entscheidung gewesen zwischen »Kompromiß ist gleich Feigheit« und, wenigstens, Unbequemlichkeit. Von einer Unterschrift konnte eine Karriere abhängen. Der Polizeiterror traf nur die Unbekannten, der Unterschriftenterror die Prominenten. Zum Beispiel bei der Biermann-Affäre. Das war merkwürdig. Stephan Hermlin rief die Leute an, und wir trafen uns in Berlin, um den Brief zu formulieren. Es stellte sich später raus (aber das sind natürlich Gerüchte), daß die Armee zur sofortigen Verhaftung der ersten 13 Unterzeichner bereit war, aber Hermlin war mit Honecker befreundet, und darauf wurde dann Rücksicht genommen. Dann wurde selektiert, wer bestraft wurde. Ich konnte gar nicht bestraft werden, denn ich war nicht mehr im Schriftstellerverband drin, war rausgeflogen. Das ist auch so, je mehr man im sozialen Netz steckt, desto angreifbarer ist man. Gespielt wurde sowieso nichts von mir hier, nur im Westen, und die Stücke, die im Westen gespielt wurden, brachten Geld ein, brachten Devisen.

Es gibt Leute, die sagen, daß der Rechtsextremismus gerade durch die Teilung gestärkt wird. Was ist da Ihre Meinung?

Das ist eine schwierige Frage. Ich verstehe das Argument, aber finde das gefährlich. Wenn man sich vorstellt, daß es zu einer sehr schnellen deutschen Vereinigung kommt, dann gibt es auf jeden Fall einen Rausch: »Wir sind jetzt wieder die Herren, wir sind jetzt wieder die Großen!« Das ist kaum vermeidbar, und dann heißt es erst recht »Türken raus«. Mir wäre es lieber, wenn man nochmal probieren würde, ob man *hier* nicht etwas anderes als die Bundesrepublik machen könnte. Die schnelle Vereinigung würde ja bewirken, daß die DDR verschwindet in einer anderen Struktur, und da fürchte ich einfach, daß da eher ein amerikanisches Europa auf uns wartet. Die Chance wäre gewesen, hier – das ist natürlich verpaßt worden – in der Verlangsamung von Prozessen, wie das Wachstum und die ökologische Vernichtung, Qualität zu finden. Jetzt ist aber die letzte Bremse weg.

Die Medien haben eine wichtige Rolle gespielt bei den Ereignissen. Wie schätzen Sie die ein?

Das fing an mit der Massenflucht, *die* Mediennahrung überhaupt. Manche Leute sind gegangen, nur weil sie sahen, wie viele gingen. Die Abbildung ist realer oder wird zunehmend realer als das Abgebildete. Das führt zu einem Beschleunigungstrend. Der ist völlig wertfrei, das heißt, es ist wie beim Drama – wichtig ist die Intensität, nicht die Tendenz, und das Böse empfindet man oft als intensiver.

So kommen wir auf Ihre Arbeit zurück. Wenn Drama von Intensität lebt, dann gerät der Dramatiker, mit schwindender Intensität des politischen Lebens, in Schwierigkeiten.

Das ist wahr. Die letzte Zeit, über die man Dramen im elisabethanischen Stil schreiben konnte, war die Hitlerzeit. Man konnte ein Stück anfangen mit der Regieanweisung: »Nacht und Nebel. Bewaffnete treten auf.« Das konnte man in der DDR dann auch wieder, eine glückliche Ära fürs Drama. Stalin gibt mehr her fürs Drama als Kohl.

Ist die nationalsozialistische Vergangenheit denn wirklich verarbeitet worden in der DDR?

Im Grunde hat da so eine Art Umschichtung stattgefunden. Der 17. Juni 1953 war von Bauarbeitern initiiert. Während des Krieges waren es die Bauarbeiter, die am meisten gebraucht wurden. Die Russen haben also alles, was Nazi war, auf den Bau geschickt. Das ist ein Beispiel. Genauso hat sich der Faschismus im Staatsapparat wiedergefunden. In diesem Land wurde der Führungsschicht sozusagen von den Russen ein Sieg geschenkt. Daher ihr neurotisches Verhalten. Die gestern Besiegten müssen zeigen, daß sie genauso stark sind wie die Sieger. Daher der Sicherheitskomplex. Die Geschichte der DDR ist die der Inkompetenz. Der Kulturminister war Konditor von Beruf. Der konnte vielleicht gut Kuchen backen, wer weiß? Es gibt dazu einen Brief von Gramsci an Lenin, 1924, wo er schreibt: »Zum ersten Mal in der Geschichte sind wir in einer Situation, wo die herrschende Schicht intellektuell unter dem Niveau der beherrschten ist. Wenn der Niveauunterschied nicht in einer Generation aufgehoben wird, gibt es eine Katastrophe.« Genau das ist passiert. Das ist die Tragödie der DDR – die Trennung zwischen Wissen und Macht.

Waren Sie privilegiert, Heiner Müller?
Ein Gespräch mit Robert Weichinger für »Die Presse«,
16./17. 6. 1990

Heiner Müller, vor einem Jahr haben Sie mir erzählt: Wenn man in der DDR nicht observiert wird, dann zählt man nichts. Ich habe das damals Ihrer eigentümlichen Form von Humor zugerechnet.

Nein, ich mußte mir da nie klein vorkommen, da habe ich keine Sorgen. Es gibt mit Sicherheit auch eine Akte des westdeutschen Bundesnachrichtendienstes über mich. Und die wird es weiterhin geben. Die Frage ist nur, ob Staatssicherheitsakten zur Auswertung angekauft werden. Das hängt wohl davon ab, wieviel Geld die DDR braucht.

Was würde man denn da über Sie erfahren?

Ich hoffe: Schlimmes. Ein amerikanischer Germanist hat ein Buch über die Auswertung der FBI-Akten Bert Brechts geschrieben. Und da ist am auffälligsten, daß der Geheimdienst wirklich jede Mülltonne und jeden Papierkorb millimeterweise durchsucht hat, alle Telephongespräche Brechts abgehört, über alle seine Beischläfe genauestens Buch geführt hat, aber das einzige, was die nicht wußten, war, wer das wirklich ist. Sie dachten, das wäre ein Naziagent. *(Lacht.)* Das färbte natürlich auf die Information ab. Also, was da rauskommt, kann wirklich völlig absurde Literatur sein. Und da hab' ich auch einen sehr glücklichen Namen, wer weiß, was alles an Müller-Akten da ist. Da ist einiges zu hoffen. *(Lacht.)*

Spätestens seit der Revolution oder Wende im November vergangenen Jahres mußten Sie und einige Ihrer Kolle-

gen zur Kenntnis nehmen, wie wenig sich Schriftsteller heute als Wortführer ihres Volkes fühlen dürfen. Sie scheinen das ganz gut wegstecken zu können, eine Christa Wolf nicht so leicht ...

Na ja, ich glaube, sie hatte sehr viel mehr Sentiment als ich. Und hat das noch. Und da greift das schneller ans Herz, wenn die Liebe nicht erwidert wird.

Sie halten die Rolle des Schriftstellers als Wortführer für antiquiert. Andererseits kommen Revolutionen zumindest in der Anfangsphase nicht ohne Intellektuelle aus, deren sie sich später dann – in der Regel – entledigen. Diese Rolle des Wortführers hat in Ihrem Land interessanterweise kein Schriftsteller, sondern ein Dirigent übernommen; ich meine Kurt Masur.

Das ist ganz normal, daß Privilegien, die nur mit Literatur verbunden sind, nicht so populär sind wie etwa Privilegien, die mit Musik verbunden sind. Ein privilegierter Sänger regt die Massen nicht auf, am wenigsten, wenn es ein Popsänger ist, aber ein privilegierter Schriftsteller regt die Leute ungeheuer auf. *(Lacht.)* Das ist einfach eine Frage der Massenkultur, wobei Masur kein Mann der Massenkultur war, aber er war einer der privilegiertesten Männer in der DDR. Bloß, das hat keinen gestört, weil er in diesem glücklichen Moment in Leipzig die richtige Haltung hatte. Das war sicher sehr verdienstvoll.

Waren Sie ein privilegierter Autor?

Ich denke schon. Es ist ja schon ein Privileg, daß man leben kann von dem, was man gern macht.

Es fällt auf, daß Sie viel unterwegs sind, Sie reisen gern, aber ihr Hauptwohnsitz blieb immer in Ost-Berlin. Ist es

Ihnen nie in den Sinn gekommen, die DDR zu verlassen?

Ich bin in einer Diktatur aufgewachsen und dann in die nächste hineingewachsen. Bei mir ist es so wie bei einem Fisch, der einen bestimmten Wasserdruck gewohnt ist, eine bestimmte Tiefe, wo der Druck größer ist. Aber es wird einem leicht schwindlig, wenn man zu schnell nach oben schwimmt, da kann bei einem Fisch die Blase platzen. *(Lacht.)* Das heißt, man entwickelt Reflexe, die diesem Druck standhalten. Also, ich sah keinen Grund wegzugehen. Ich hab' Widerstände gern. Und diese Folie der Diktatur war ja interessant für Theatermacher. Die großen Zeiten des Theaters waren schließlich nie die Zeiten der Demokratie.

Jetzt, Heiner Müller, wo Ihnen eigentlich nichts anderes übrig bleibt als aufzutauchen, um gleich bei Ihrem Bild zu bleiben, wie werden Sie reagieren?

Jetzt ist das kein Problem. Es wäre vielleicht eines, wenn ich 20 Jahre oder 30 Jahre alt wäre. Aber ich bin 61 Jahre alt und habe genug geschrieben. Meine Texte sind eine autonome Landschaft, diese Landschaft kann man weiter ausbreiten und ausbauen, unabhängig von politischen Systemen. Mir ist Wurscht, wer glaubt mitzuregieren.

Der Kulturbürokratie in der alten DDR waren Sie ja lange Zeit suspekt. Von Ihnen hieß es, Sie seien ein »ketzerischer Marxist«. Und Ihre Stücke würden einen »perspektivlosen Defätismus« verbreiten. Solche Äußerungen sind natürlich Schnee von gestern; ich nehme aber an, daß Ihnen nun, wo DM-Nationalismus auf der Tagesordnung steht, das Durchatmen schwerfällt.

Es ist doch klar, daß der Kapitalismus keine Lösung für die Probleme der Welt hat. Aber vielleicht gibt es keine andere Chance mehr, und das ist dann eben das Ende.

Das wäre dann – das Ende von Geschichte?

Ja, so was.

Das gibt es doch nicht.

Weiß ich nicht. Es gibt eine These, die ich ganz gut finde. Es geht darum, alle Feinde des Kapitalismus zu liquidieren, alles, was ihm hinderlich ist – damit er mit sich ganz allein ist. Und dann kann er seine eigenen Widersprüche voll entwickeln – dann ist der Kapitalismus nämlich sein eigener Feind. Das ist wahrscheinlich die Chance für eine Implosion. Aber das ist natürlich alles sehr offen.

Sie meinen, wenn die Dritte Welt endgültig ausgeblutet worden ist, werden die sozialen Konflikte notwendigerweise nach innen getragen. Stichwort: Zweidrittel-Gesellschaft in den Industrieländern.

Es gibt auch ein anderes Szenario: Die USA werden immer mehr zu einem Ghetto von Andersrassigen, Großbritannien und Frankreich auch; also, die ehemaligen Kolonien schwappen in die Mutterländer zurück, und das gibt eine Entwicklung, die man ganz schwer voraussehen kann, da ist viel Explosivstoff. Auf jeden Fall entsteht ein Gewaltpotential überall. Hoffnung ist vielleicht nur an den Rändern. Es geht darum, daß man sich abgewöhnen muß, immer nur zentristisch zu denken.

In einem anderen Interview haben Sie gesagt: Der Kommunismus ist nach wie vor die einzige Religion für einen Individualisten.

Das ist richtig. Von Ernst Bloch gibt es die schöne Definition: Die moralische Überlegenheit des Kommunismus besteht darin, daß er für den einzelnen keine Hoffnung hat. Also, wenn die sozialen, ökonomischen Probleme gelöst sind, dann beginnt die Tragödie des Menschen, die Tragödie seiner Einsamkeit. Kommunismus ist eine Einsamkeitsreligion, weil die Transzendierung wegfällt. Und wenn man über den Kommunismus heute redet, dann ist es ja keine Frage, daß die Idee weiter existiert, die Utopie.

Utopisch gefragt: Wann hat der Sozialismus wieder eine Chance?

Wenn den Leuten das Cola aus den Ohren rausrinnt. Es braucht eine Übersättigung, glaub' ich. Die Leute, die so lange ohne Beate Uhse und Cola auskommen mußten, die müssen erst einmal bis zum Erbrechen Beate Uhse und Cola genießen, das ist klar.

Die müssen ihre Konsumentenbiographie nachholen?

Ja, genau. Bis zum Erbrechen, dann kann man mit ihnen wieder über etwas anderes reden, vorher nicht. Im Westen gibt es einen Vorsprung an Verblödung. Der wird vielleicht jetzt schnell eingeholt im Osten, möglicherweise gibt es aber eine Chance, ein paar Restbestände an Intelligenz zu retten.

Die Grundthese Ihrer HAMLET-Inszenierung, soeben bei den Wiener Festwochen zu sehen, lautet: Das Alte wird für lange Zeit das Neue sein.

Von einer Knechtschaft in die andere, von Stalin zur Deutschen Bank.

Wollen Sie in Zukunft mehr inszenieren, weniger schreiben?

Überhaupt nicht. Ich muß mehr schreiben.

Wird die monologische Struktur Ihrer Texte bleiben?

Weiß ich noch nicht.

Und die Themen?

Der Zweite Weltkrieg und die Folgen. Hitler und Stalin. Wenn alles Dokumentarische offenliegt, fällt eine ganze Menge Behinderung weg, und man kann dann als Autor wieder anfangen, den Stalin oder den Hitler zu erfinden. Da gibt's dann Elemente von Science-fiction und Karneval, ich weiß nicht, wird sich herausstellen.

Ihr Kollege Christoph Hein hat vor kurzem, als ihm der Erich-Fried-Preis überreicht wurde, gesagt, der Sozialismus in Ihrer Heimat sei einem mangelnden Leistungsprinzip und seiner ideologischen Versteinerung zum Opfer gefallen. Was steht für Sie im Vordergrund?

Ein Aspekt ist, daß es in den osteuropäischen Ländern viel leichter möglich war, daß sich Beschränkungen und Borniertheiten von dominanten Persönlichkeiten auf die Gesellschaft übertrugen, als im Westen, wo die Strukturen komplexer sind. Lenin war mit Sicherheit ein verklemmter Mann. Neulich habe ich ein drei, vier Jahre altes Lehrbuch über das Aktzeichnen aus der Sowjetunion in der Hand gehabt, darin ist kein einziges Geschlechtsteil zu sehen. An der Stelle ist immer ein Zementblock oder ein gewaltiger Schurz. Und die Studenten sahen auch bei der Ausbildung keine nackten Modelle. Das ist eines der Verhängnisse, die Abklemmung von Bedürfnissen, auch von erotischen. Da ist es ja ganz rührend, wenn man liest, daß der Honecker einen Vorrat von Pornovideos hatte.

Was ist daran rührend, daß er es heimlich machen mußte, selbst noch auf dieser Ebene?

Das erst recht, ja klar.

Der einstmals mächtige Parteichef der SED ist mittlerweile in einer Kasernenanlage Ost-Berlins untergebracht, die den sowjetischen Truppen gehört. Westjournalisten sollen herausgefunden haben, daß er sich zur Zeit rundum wohl fühlt und im Trainingsanzug spazierengeht. Das hat Proteste der aufgebrachten Bürger provoziert, schließlich ist Honeckers Prozeß nur wegen seines angegriffenen Gesundheitszustandes ausgesetzt worden.

Die Bevölkerung braucht Sündenböcke, damit sie ihr schlechtes Gewissen abladen kann. Alle haben mitgemacht oder haben profitiert von dem System. Alle waren korrumpiert, bis zum letzten Handwerker.

Aber da ist doch wohl ein Unterschied zwischen einem Parteifunktionär und einem Handwerker, was das Profitieren von der Korruption angeht.

Die reichsten Schichten in der DDR, die Handwerker und die Schauspieler, waren auch die korrumpiertesten Berufsgruppen. In der ersten Phase der Wende waren die Schauspieler sehr engagiert. Seit es nach rechts geht, sind sie draußen, weil sie links sind. Aber die Handwerker sind rechts, immer schon, die Arbeiter auch. Die waren auch Stabilitätsfaktoren des Systems; einerseits die Feinde davon, haben sie andererseits von der Korruption profitiert.

Aber auch Verluste hinnehmen müssen: mangelndes Warenangebot, Ausreisebeschränkungen...

Dieses Reisen war auch ein Fetisch, fast schon religiös besetzt. Zum Beispiel die Möglichkeit, nach Mallorca zu fahren. Solche Leute gibt's in der BRD auch, die nicht nach Mallorca reisen können – bloß, die kennt man nicht und die fallen nicht auf. Aber wenn nur fünf Privilegierte nach Mallorca können, dann fällt's auf, dann wird's ein Trauma.

In der West-Presse verbreitet sich jetzt die Legende von der totalen Aufdeckung aller Verbrechen im Osten.

Das ist Blödsinn. Es werden mindestens fünf schwere Jahre für die DDR-Bevölkerung kommen, und da kann es eine Menge Konfliktstoff geben. Und Widerstand kann sich in dieser Situation nur rechts artikulieren. Es gibt ein gewaltiges rechtes Potential in der DDR. In den letzten Monaten ist mir wieder ein Brecht-Satz eingefallen, den ich früher nicht verstanden habe. In einer Anmerkung zu der MUTTER COURAGE heißt es: »In den Bauernkriegen, dem größten Unglück der deutschen Geschichte, wurde der Reformation der Reißzahn gezogen.« Früher hatte ich Probleme damit: Warum sind die Bauernkriege das größte Unglück der deutschen Geschichte – das hab' ich eigentlich erst jetzt verstanden. Die Bauernkriege waren eine zu frühe Revolution und haben dazu geführt, daß dieses revolutionäre Potential auf Jahrhunderte hin zermahlen wurde. Dann kam der Dreißigjährige Krieg, damit war der deutsche Volkscharakter eigentlich erledigt.

Aber hat jemals ein Volk auf den richtigen revolutionären Zeitpunkt warten können?

Ist richtig, und trotzdem, wenn wir über Deutschland und die DDR reden, geht es 1848 mit einem verspäteten Versuch weiter, die bürgerliche Revolution nachzuvollziehen, eigentlich den Anschluß an Europa zu gewinnen. Das ist auch schiefgegangen.

Weil Deutschland auf Grund seiner Kleinstaaten und Fürstentümer in seiner ökonomischen Struktur unterentwickelt war.

Herausgekommen ist ein nationaler Kompromiß zwischen Bourgeoisie und Adel. Das Ergebnis ist die beste Militärmaschine Europas. Und dann 1918 die Enthauptung der deutschen Arbeiterbewegung, der Tod Rosa Luxemburgs und Karl Liebknechts. Damit war der Anschluß der deutschen Arbeiterbewegung an Moskau – die Abhängigkeit von Lenin – programmiert. Und die DDR war nur noch eine Grenzbefestigung von Stalin, nichts weiter, diese Volksdemokratien waren lauter Grenzbefestigungen.

So wie Sie das sagen, hat's die DDR nie gegeben...

Außer als Ableitung der Sowjetunion. Und in dem Moment, wo sie, bedingt durch Gorbatschow, vielleicht hätte existieren können, hat sich herausgestellt, daß die DDR gar keine eigene Substanz hat. Als die Springer-Presse im Frühsommer vergangenen Jahres angefangen hat, die DDR ohne Anführungszeichen zu schreiben, da war klar, daß die DDR zu Ende ist.

Dunkles Getümmel ziehender Barbaren
»Der Morgen«, 3. 10. 1990

Der Blick aus dem Jahr 2000 auf die deutsche Vereinigung ist der durch ein umgekehrtes Fernrohr: Es sieht alles sehr klein aus, was uns 1990 so gewaltig beschäftigt hatte. Die Erinnerung an die Vereinigung der beiden deutschen Staaten wird heute überlagert von der Erinnerung an eine Völkerwanderung von Osten nach Westen und von Süden nach Norden. Es gibt einen Herder-Satz am Schluß eines Textes über das Ende Roms, der lautet: »Dann war da nur noch das dunkle Getümmel ziehender Barbaren.« Das paßt sehr gut auf die Ereignisse nach 1990. Dieses dunkle Getümmel war das Oberflächenbild der letzten zehn Jahre, nicht das seinerzeit angestrebte gemeinsame Haus Europa. Es gab 1990 die Vorstellung, daß etwas Altes wiederhergestellt wird. Aber das entstandene Deutschland war nicht mehr das, wovon die Leute davor geträumt hatten oder woran sie sich erinnerten. Das Gefühl, man sei wieder beim Stand von 1945 angelangt, war ebenso ein Irrtum wie der bei einer Minderheit vorherrschende Glaube, man stünde noch einmal im Jahr 1933. Die deutsche Wirtschaft hatte 1990 ihre ehemaligen Kriegsziele erreicht. Osteuropa lag auf den Knien. Die Voraussetzung dafür bildete die militärische Niederlage im Zweiten Weltkrieg und die daraus resultierende Gesundschrumpfung Deutschlands auf seinen ökonomisch potenten Kern. Danach brauchte die Wirtschaft wieder Märkte und billige Arbeiter und die gab's im Osten. Man mußte ja Polen nicht mehr erobern, man konnte es kaufen. Militärische Kategorien zählten seither nicht mehr. Solange der Stand der D-Mark weiter konstant gehalten wird, geht von Deutschland keine Kriegsgefahr aus. Die Ost-Öffnung brachte zugleich auch eine

– von rechts gesehen – Überfremdung Deutschlands durch Arbeitsemigranten aus dem Osten mit sich. Es gab dagegen zwar immer mehr drakonische Gesetze, doch zu stoppen war dieser Prozeß nicht. Mit dem Ergebnis, daß kein einheitliches Volk entstand, sondern ein Konglomerat aus Volksstämmen, Volksteilen und Minderheiten. Die deutsche Vereinigung war schon 1990 ein Anachronismus inmitten der allgemeinen Regionalisierung Europas. Dieses Europa hat nicht mehr die geringste Ähnlichkeit mit dem Europa von 1900. Osteuropäer, Afrikaner und Asiaten haben mittlerweile die Metropolen besetzt, und ein ungeheures Völkergemisch ist entstanden. Dem Gleichgewicht des Schreckens in den 70er und 80er Jahren folgte nach der Öffnung des Ostens eine Zone der Unsicherheit, in welcher keine klaren Grenzziehungen mehr haltbar waren. Die ehemaligen Kolonien rächten sich an den Metropolen, indem sie sie zu zersetzen begannen. Es entstanden Collagen mit Konflikten zwischen den einzelnen Teilen.

Es wird künftig vielleicht ein arabisches Europa werden. Für das Ende des soeben vergangenen Jahrtausends wurde übrigens schon von Nostradamus prophezeit, daß der Islam Europa besetzt. Das hätte den Vorteil, daß nicht mehr alle in diesen blöden Anzügen und mit Krawatte herumlaufen, sondern im nordafrikanischen Burnus – das ist viel bequemer. Jeder darf zehn Frauen haben oder zwanzig, so er sich's leisten kann. Dann könnte man sagen: Das Ergebnis der deutschen Einheit war der Harem.

Jetzt ist da eine Einheitssoße
Ein Gespräch mit Hellmuth Karasek, Matthias Matussek
und Ulrich Schwarz für »Der Spiegel«, 31/1990

»Was hier abläuft, ist ja keine Vereinigung, sondern eine Unterwerfung.« Das ist Originalton Heiner Müller von Mitte Juli über die deutsche Einheit. Unterwerfung setzt Zwang voraus. Werden die DDR-Bürger tatsächlich zur Einheit gepreßt?

Überhaupt nicht. Sie wollten diese Einheit und wollen sie wahrscheinlich immer noch. Sie haben sich das nur anders vorgestellt. Was da jetzt passiert, ist eine ökonomische Unterwerfung.

Wie hat der DDR-Bürger Heiner Müller sich denn die Vereinigung erträumt?

Es ist sinnlos, irgendeinem Traum nachzujammern, der sich nicht erfüllt hat.

Aber beschreiben kann man ihn.

Das ist nicht so einfach. Man hält mich immer für einen Menschen, der unmittelbar an Politik interessiert ist. Das ist Unsinn. Ich bin interessiert am Schreiben, an einigen anderen Dingen, und Politik ist ein Material, genau wie alles andere.

Was bewegt einen notorischen Einzelgänger wie Heiner Müller, Präsident der Ost-Berliner Akademie der Künste zu werden – ein Amt, das in der jetzigen Phase der DDR-Auflösung hochpolitisch ist?

Die Frage ist gut. Natürlich sprechen alle meine persönlichen Interessen und Intentionen dagegen, in dieser Situation so ein Amt zu übernehmen. Materiell bringt es nichts außer Zeitverlust und Kraftverzehr. Ich hatte einfach keine Argumente mehr gegen die von allen Seiten an mich herangetragenen Bitten der Mitglieder, der Mitarbeiter, jetzt einfach meinen Namen, der als relativ unbescholten gilt, zur Verfügung zu stellen, um vielleicht noch eine Überlebenschance für diese Institution zu finden.

Sie haben dem »Spiegel« gegenüber Ende letzten Jahres gesagt, daß die Künstler jetzt erst mal leisetreten und dem Volke nicht vorschreiben sollten, was es zu tun hat. Was hat sich geändert?

Ich muß ja nicht konsequent sein in meinem Verhalten. Was ich damals gesagt habe, halte ich auch jetzt noch für richtig. Aber die Lage hat sich verändert: Es gibt überall hilflose Demonstrationen von Künstlern, die jetzt dem Kulturminister die Löffel auf den Tisch schütten. Ich hasse diese defensive Haltung und dieses Bekenntnis von Hilflosigkeit und diese Bettelsituation. Ich glaube, wenn man irgend etwas noch bremsen und verzögern kann – mehr ist ja nicht drin –, dann mit so einer Institution, die eine Tradition hat.

Wie lange soll die Akademie denn noch bestehen?

Es kann sein, daß ich Glück habe und sie schon im Januar nicht mehr besteht. Es kann sein, daß es länger dauert. Es gibt einen Plan, die Fusion mit der West-Berliner Akademie bis 1996 zustande zu bringen, dann besteht die Preußische Akademie 300 Jahre. Das würde bedeuten, daß diese Akademie auch in den nächsten Jahren noch Geld braucht. Es ist völlig unklar, wer bereit ist, dafür eine müde Mark zu geben, wenn die DDR-Regierung aufhört zu existieren. Es kann durchaus sein, daß sich die Leute durchsetzen, die der Meinung sind, es muß alles weg, was jemals DDR hieß. Die sind natürlich in diesem Land jetzt sehr stark.

Wundert Sie das? Ihre Akademie der Künste ist in vierzig Jahren SED-Herrschaft nie als Hort der Freiheit oder als Anwalt gegen stalinistische Unterdrückung aufgefallen.

Natürlich gibt's keine Unschuldigen – ich bin auch nicht unschuldig, bei euch gibt's auch keine Unschuldigen. Was mich aufregt, ist diese Unschuldspose gegen die Schuldigen hier. Wichtig ist, daß man sich wirklich hier Gedanken macht. Das ist auch ein Grund, warum ich dieses Amt übernommen habe. Man muß jetzt versuchen, die Geschichte dieser Akademie aufzuarbeiten als eine Geschichte von Anpassung und Widerstand, auch von Feigheiten.

Vor allem von Anpassung. Ihr Vorgänger Manfred Wekwerth hat noch 1987 bei einer Jubelfeier der Akademie mit der SED-Führung verkündet, selten, wenn überhaupt, habe in der Vergangenheit ein »so produktives Verhältnis zwischen Geist und Macht« geherrscht wie jetzt in der DDR.

Das war die offizielle Seite. Da war immer die Illusion der Fürstenerziehung. Ich hab' die wirklich nicht gehabt. Aber die haben viele gehabt.

Die Illusion, die Künstler könnten die Mäzene erziehen?

Daß man auch die Henker erziehen kann zu einem sanfteren Henken.

Indem man sich der Illusion hingibt, daß man die Fürsten erziehen kann, verlängert man vielleicht auch deren Herrschaft.

Das ist völlig korrekt. Bloß, man muß auch sehen: Unter diesen offiziellen Verlautbarungen gab's natürlich immer Kämpfe, die nie öffentlich wurden und die man sich gescheut hat öffentlich auszutragen.

Die damit auch nicht fruchtbar wurden für die DDR-Gesellschaft.

Sie wurden fruchtbar für einzelne Leute. Es wurden Einzelprobleme gelöst dadurch, und es gab immer wieder auch kleine Erfolge, die dann wieder zu der Illusion führten, daß es doch im ganzen gutgehen kann und daß es besser werden kann.

Herr Müller, Sie haben sich immer als DDR-Schriftsteller empfunden, obwohl Sie sich nur im Westen entfalten konnten. Worin besteht das komplizierte Verhältnis zwischen Ihnen und diesem Staat, der jetzt zu Ende geht?

Es ist für mich eine wirkliche Arbeit, jetzt darüber nachzudenken. Ich bin aufgewachsen in einer Diktatur, hineingewachsen in die nächste Diktatur, die zunächst eine Gegendiktatur war, mit der ich mich identifizieren konnte. Ich konnte mich, ganz grob gesagt, auch mit Stalin identifizieren; Stalin war der, der Hitler gekillt hat. Von da an war das ein Problem. Ich bin aufgewachsen in dieser ersten Diktatur in einer ziemlich schizophrenen Situation: Draußen »Heil Hitler!«, und zu Hause war alles klar. Diese Spannung entstand auf andere Weise in der nächsten Diktatur genauso. Das ist das Merkwürdige, daß ich gelernt habe, damit umzugehen. Ich glaube, das hat mir als Schriftsteller sehr viel Erfahrung gegeben und

sehr viel widersprüchliches Material. Gerade diese schwarze Folie der Diktatur und dieses gebrochene oder ambivalente Verhältnis zum Staat war für mich ein Movens, also eine Inspiration zum Schreiben.
Ich habe nie einen Zweifel daran gehabt, daß diese DDR nicht existiert außer in Abhängigkeit von der Sowjetunion und daß die Bevölkerung hier in einem Status von Kolonisierten lebt.

Das fanden Sie aber aus bestimmten historischen Gründen richtig?

Das kann man so nicht sagen, weil ich Schriftsteller bin. Ich bin kein Politiker. Ich konnte damit was anfangen. Kunst hat doch nichts mit Moral zu tun.

Nein, aber es gibt doch auch den Menschen Heiner Müller.

Nur bedingt. Je länger man schreibt, desto mehr verbraucht man den Menschen. Was hier nützlich war zum Schreiben, ganz ohne Moral und Politik, war, daß man in einer Dritte-Welt-Situation lebte. Der Sozialismus in der DDR in seiner stalinistischen Ausprägung bedeutete weiter nichts als die Kolonialisierung der eigenen Bevölkerung. Das sieht man heute noch sofort in jeder U-Bahn: Der DDR-Bürger hat einen verdeckten Blick. Man erkennt ihn sofort als den mit dem verdeckten Blick. Auch schon die Kinder. Das ist der Blick der Kolonisierten.

Sie meinen, die Unterdrückungssituation hat Ihnen geholfen, die hat Dinge geklärt?

Es war ein größerer Erfahrungsdruck, als ich ihn in Hamburg hätte haben können.

Das Müller-Zitat, das wir Ihnen zu Beginn vorgehalten haben, hat noch einen zweiten Halbsatz: Gegen die Unterwerfung »wollen wir uns wehren«. Wie wollen Sie sich denn wehren in einer Situation, da die deutsche Einheit längst gelaufen ist?

Ich sag' ein Beispiel: Im Museum Ludwig in Köln hat der Peter Ludwig als der große DDR-Mäzen gerade einen Streit mit seiner Museumsleitung, die beschlossen hat: Diese DDR-Kunst, die ist in einem Unrechtssystem entstanden, in Unfreiheit gemalt worden. Deswegen muß sie in den Keller und darf nicht ausgestellt werden. Das ist ein Trend auch hier. Ich habe gerade vor ein paar Tagen gehört: DDR-Kunst in den DDR-Museen kommt nicht mehr vor, die kommt in den Keller.

Also Widerstand gegen dieses Unterpflügen?

Gegen die simple Gleichsetzung einer Kultur oder Kunst oder Literatur mit dem System, in dem sie entstanden ist.

Gab es denn eine DDR-Kultur in Ihren Augen?

Das weiß ich nicht. In der Literatur gab es sicher Dinge, die relativ spezifisch waren für das, was in der DDR entstanden ist. Aber trotzdem war es deutsch geschrieben, und letztlich war es ein Maßstab, ob es gutes Deutsch ist oder nicht. Insofern gab es nie zwei Literaturen. Es gab auf beiden Seiten natürlich Trivialliteratur. Die hier war staatlich und die dort kommerziell, das war der Unterschied.

Was sind für Sie Errungenschaften der DDR, die es zu bewahren gilt? Und wie soll man sie retten?

Wenn ich das wüßte! Zum Beispiel: Ich komm' nach

Hause nach fünf Tagen, ich war in Frankreich oder irgendwo. In meinem Haus gibt's eine Buchhandlung. In diesen fünf Tagen haben sich die Auslagen bis zur Unkenntlichkeit verändert. Da waren nur noch DuMont-Reiseführer, Kochbücher in den Regalen. Muß ja nicht DDR sein, aber viele Verlage haben sehr viel Internationales von hoher Qualität herausgebracht. Das geht alles nicht mehr, weil es in der DDR gedruckt ist.

Weil Ihre Leute es nicht mehr kaufen wollen.

Natürlich, klar. Mein Widerstand geht gegen die schnelle Anpassung.

Ist der Widerstand nicht auch ein bißchen die Trotzreaktion beleidigter Intellektueller...

... ich bin nicht beleidigt.

Aber viele Ihrer künstlerischen Artgenossen, weil nämlich die Revolution an ihnen vorbeigelaufen ist.

Wohin? Ich war da von Anfang an ziemlich skeptisch. Sobald das Wort »Volk« fällt, werde ich doch mißtrauisch. Es ist nicht mein Volk. Ich hab' sehr gut verstanden, gerade im Herbst vorigen Jahres, warum der Brecht immer darauf bestand, »Bevölkerung« zu sagen statt »Volk«. Natürlich ist so eine Losung »Wir sind eine Bevölkerung« unbrauchbar, die zündet überhaupt nicht.

Es gab auch die Losung: »Wir sind ein blödes Volk.«

Ja, die fand ich gut. Noch besser war: »Ich bin Volker.« Da stand auf einem Transparent »Wir sind das Volk«, und daneben hat einer geschrieben »Ich bin Volker«. Den Mann, der das geschrieben hat, den brauchen wir in der nächsten Zeit. Es geht um die Stärkung dieser Kräfte. Aber zurück zur Revolution. Man darf das, glaube ich, nicht so pathetisch nehmen, so heroisieren. Was da wirklich passiert ist, war ein Staatsbankrott. Die Kreditketten reißen an den schwächsten Stellen, genau wie die anderen Ketten.

Man darf es vielleicht auch nicht so unpathetisch sehen. Da ist ein wirkliches Zwing Uri geschleift worden. Das kann man doch nicht nur lächerlich machen mit »Ich bin Volker«.

Es klingt vielleicht ein bißchen distanziert: Diese Wende oder sogenannte Wende kam mindestens fünf Jahre zu spät. Das heißt, die Substanz dieser DDR-Gesellschaft war schon ausgehöhlt. Das war nur noch ein Zombie. Die Grenzöffnung am 9. November 1989 kam zu früh, das war ja ein Betriebsunfall. Niemand war darauf vorbereitet. Jetzt ist da eine Einheitssoße. Und das Problem ist, daß die Leute zwar in diesem revolutionären Rausch, der zunächst kein Bierrausch war, zusammengekommen sind, daß jetzt aber alles so schnell geht, daß sie ganz schnell wieder auseinandergetrieben werden in Interessengruppen. Mein Traum wäre gewesen, daß man sich Zeit läßt für diese Vereinigung und sie allmählich angeht. Ich bin schon ziemlich sicher, daß das Tempo dieser Vereinigung doch bestimmt ist von dem Interesse der CDU, wiedergewählt zu werden.

Aber auch von dem Interesse der Leute, die D-Mark so schnell wir möglich zu bekommen.

Ja. Sie haben nicht gewußt, was sie damit bekommen. Sie haben nicht damit gerechnet, daß sie wesentlich weniger D-Mark bekommen als vergleichsweise die Leute in der Bundesrepublik.

Schlaraffenlandträume bei Revolutionen sind immer so.

Und jetzt brechen diese Illusionen zusammen. Jetzt breitet sich hier eine Lethargie aus.

Meinen Sie, daß ein neues DDR-Bewußtsein entsteht, eine Nostalgie?

Nein, nicht in den nächsten fünf Jahren. Was hier entstehen wird, sind Pogrome, Gewaltausbrüche, Aggressionen auf der Straße und überall. Das wird zunehmen.

Sie sagen, die Wende ist fünf Jahre zu spät gekommen. Ist das auch ein Stück Selbstkritik? Wenn jemand vor fünf Jahren die Wende hätte herbeiführen können, dann nur die Intellektuellen.

Nee, so ist es überhaupt nicht.

Warum nicht?

Ich hab' schon vor fünf oder vor zehn Jahren gesagt, was ich denke – hier, und im Westen sowieso. Aber ich war damit in einer Clownsrolle, in einer Narrenrolle.

Keine Selbstkritik also, aber ein Stück Kritik an Ihren Kollegen?

Vielleicht auch an mir. Aber es ist doch sinnlos, jetzt den Winkelried zu spielen. Es gab immer wieder die Diskussionen über Literatur: Ein Schriftsteller muß zuerst Kommunist sein, dann Schriftsteller. Ich würde sagen: Ich bin zuerst Schriftsteller und dann ein Held.

Herr Müller, sind Sie Kommunist?

Ich habe nie von mir behauptet, daß ich Kommunist bin, weil ich es unangemessen finde, das zu sagen.

Ist das zu hoch?

Es ist zuviel.

Kennen Sie jemanden, den Sie einen Kommunisten nennen würden?

Zum Beispiel Walter Janka, der frühere, unter Ulbricht ins Gefängnis gesteckte Chef des Aufbau-Verlags, ist ein Kommunist und einer, den ich sehr achte. Wahrscheinlich ist auch Honecker ein Kommunist – mit einem beschränkten Horizont.

Auch einer, den Sie sehr achten?

Ich achte ihn immer noch. Sein Problem ist wirklich eine Tragödie der Inkompetenz und der Unfähigkeit, Realität aufzunehmen. Ich finde es lächerlich, ihn jetzt zum Verbrecher zu machen.

Nochmals: Glauben Sie nicht, daß es einen Zeitpunkt gegeben hat, wo die Intellektuellen dieses Landes, wenn sie sich nur einig gewesen wären, die Wende hätten herbeiführen können, und zwar so ...

... glaub' ich nicht ...

... daß die DDR noch existierte?

Nee, glaube ich nicht. Das hat wieder mit der deutschen Geschichte zu tun, mit der Geschichte auch der deutschen Kommunistischen Partei. Es ist ganz anders als in der CSFR, sogar anders als in der Sowjetunion. Es gab in dieser deutschen Kommunistischen Partei keine Intellektuellen mehr seit Liebknecht und Luxemburg. Es gab ein Mißtrauen in der Partei gegen die Intelligenz, eine Intelligenzfeindschaft. Das war der Fehler, daß Schriftsteller in der DDR geglaubt haben, sie könnten für die Arbeiter, für die Bauern, für die Bevölkerung sprechen. Das ist Unsinn. Der Kommunismus in Deutschland ist gescheitert in dem Moment, wo die deutsche Revolution ausblieb, die für Lenin die Voraussetzung für diesen Staatsstreich in Rußland war.

Und Sie haben trotzdem mit diesem Kommunismus leben können?

Ja. Mich hat die Tragödie dieses Sozialismus interessiert. Jetzt sieht es aus wie eine Farce. Das ist die letzte Phase. Aber es war eine Tragödie.

Ist es nicht ein ästhetisch fragwürdiger Standpunkt zu sagen, ich liebe Tragödien, auch wenn sie auf dem Rücken anderer Leute ausgetragen werden?

Ästhetisch fragwürdig? Wovon lebt der »Spiegel«? Das ist nicht nur ein Problem von Kunst und Politik.

Kann es sein, daß die, die für die Tragödie zahlen mußten, also das Volk der DDR, deshalb so sauer sind auf die Intellektuellen, weil sie stets eine Grundsolidarität vermißt haben?

Diese Solidarität ist doch 'ne Illusion. Das war doch die Illusion vieler Intellektueller Ende 1989.

Ende 1989, mitten in der Wende, war es zu spät. Von den Intellektuellen wurde früher Solidarität erwartet. Etwa Anfang 1988 bei den Verhaftungen Oppositioneller nach der Rosa-Luxemburg-Demo. Da hat sich Heiner Müller öffentlich sehr arrogant und hämisch über die Eingesperrten geäußert.

Das hatte mit den Umständen zu tun: Ich wußte überhaupt nichts von dem, was da passiert war.

Aber Sie haben sich trotzdem deutlich geäußert.

Ich erklär's gleich. Ich war in einer Probe im Deutschen Theater. Und da kommt ein Mensch von der ARD oder was auch immer und sagt: »Herr Müller, darf ich mit Ihnen ein paar Minuten für die Tagesschau über die Proben reden?« Ich sagte: »Bitte!« Und dann fragte er mich nach den Verhaftungen. Ich wußte nichts davon. Ich habe weder irgendwas gehört noch gesehen über diese Ereignisse. Dann habe ich gemauert, wie man so sagt, was ich danach bedauert habe.

Aber dieses Bedauern haben Sie nie öffentlich gemacht.

Den Vorwurf muß ich akzeptieren.

Irgendwie haben Sie doch gedacht, die mögen noch so schön daherkommen, aber es ist der Klassenfeind, und dem ist nicht zu trauen.

Das ist etwas übertrieben. Aber grundsätzlich müßte man schon festhalten: Das Interesse am Verschwinden der DDR bestand seit 1949.

War das nicht ein Interesse, das mit dem Interesse der Bevölkerung konform ging?

Seit 1961. Das war nun wieder die Dummheit dieser Kolonisatoren hier. Dazu eine Anekdote: Georg Eisler,

Sohn von Hanns Eisler, in England aufgewachsen, war nach dem Krieg zum ersten Mal hier in der Noch-nicht-DDR bei seinem Onkel Gerhart. Der ging mit ihm spazieren, in Pankow auf den Hügeln mit dem schönen Blick auf das Stadtpanorama. Es war Abend, und die Lichter gingen an. Der Gerhart Eisler sagte: »Siehst du, das ist unser Berlin. Überall, wo jetzt ein Licht angeht, sitzt einer und träumt davon, uns die Gurgel durchzuschneiden.«
Ich habe diese Angst nach der faschistischen Erfahrung der Kommunisten verstanden. Aber sie hat paranoische Züge angenommen, es war ja dann nur noch Befestigung. Die Substanz war schon weg.

Sie fühlten sich aber immer auf der Seite derer, die, wie paranoisch auch immer, befestigten, und nicht auf der Seite der Bevölkerung?

Ich war immer auf beiden Seiten.

Die Bevölkerung sieht es offenbar anders. Sie selbst haben nach Ihrer Wahl zum Akademie-Präsidenten die Entfremdung zwischen Künstlern und Volk beklagt.

Ein Aspekt der SED-Politik war, daß man die Intelligenz getrennt hat von der Bevölkerung durch Privilegien. Das hat funktioniert.

Weil die Intelligenz sich hat separieren lassen. Wenn der Intellektuelle, wenn der Schriftsteller von der Kommunistischen Partei seit Karl Liebknecht und Rosa Luxemburg verachtet worden ist, warum hat er sich dann so masochistisch an deren Erben rangeschmissen?

Natürlich ist ein Künstler angewiesen darauf, daß er eine Vorstellung hat von einer anderen Welt als der gegebenen. Sonst kann man keine Kunst machen, glaube ich. Und da bot sich diese letzte Religion des 20. Jahrhunderts an, die kommunistische Utopie. Es ist ja kein Zufall: Es gibt kaum große Schriftsteller oder Künstler, die sich für den Nationalsozialismus stark gemacht haben. Aber es gibt ungeheuer viele in allen Ländern der Welt, die sich für diese kommunistische Utopie stark gemacht haben.

Aber damit ist es jetzt vorbei, wo der Sozialismus zu Ende ist...

... der ist ja nicht zu Ende. Zu Ende ist der Versuch, Marx zu widerlegen. Bei Marx gibt es den einfachen Satz: Der Versuch, Sozialismus oder eine sozialistische Struktur auf der Basis einer Mangelwirtschaft aufzubauen, endet in der alten Scheiße. Das ist das, was wir jetzt erleben.

Hat der Sozialismus für Sie noch eine Zukunft?

Ja.

Und wo liegt die?

Die liegt einfach darin, daß der Kapitalismus keine Lösung hat für die Probleme der Welt.

Aber der Sozialismus hat doch gerade gezeigt, er hat auch keine.

Sozialismus hat's bisher doch nur in unseren Köpfen gegeben, nicht als System. Was es gab, war eine Struktur, die man vielleicht definieren kann als ein System mit eingeschränkter oder gebremster Warenproduktion.

Wenn man Heiner Müllers Werke sehr genau liest, dann

könnte man ihn als einen großen Nihilisten bezeichnen, als einen Endzeit-Autor. Wie paßt ein Endzeit-Autor zusammen mit einem, der eigentlich ein kommunistischer Bekenner ist und sagt: Credo, quia absurdum?

Zunächst mal ist das Programm von Marx nichts weiter als eine Säkularisierung der Bergpredigt.

Die Marxisten haben den Anspruch erhoben, die einzig wissenschaftliche Erkenntnismethode zu benutzen, nicht etwa auf Glauben zu fußen.

Marx hat nur Analysen gemacht, und es gibt keine marxistische Position.

Haben Sie an den wissenschaftlichen Sozialismus geglaubt?

Der Begriff ist schon Schwachsinn.

Nochmals: Glauben Sie noch an die Zukunft des Sozialismus?

Das ist doch kein Glauben. Es ist eher eine Leerstelle. Es geht um die Beschreibung einer Leerstelle. Was man geschafft hat in der Bundesrepublik, weniger in Frankreich, weniger in England, noch weniger in den USA, ist eine Zwei-Drittel-Gesellschaft. In der DDR wird es vielleicht in der nächsten Zeit eine Ein-Drittel-Gesellschaft. Man sieht nur die im Lichte, die im Dunkeln sieht man nicht. Ich möchte, daß man auch die im Dunkeln sieht, daß man sich diesen Unterschied von Licht und Dunkel jedenfalls als Programm vorstellt. Vielleicht ist wirklich Ausbeutung der Preis der Freiheit. Das kann sein.

Herr Müller, wir danken Ihnen für dieses Gespräch.

Eine Tragödie der Dummheit
Ein Gespräch mit René Ammann für »Freitag«,
16. 11. 1990

Vor einem Jahr ist die Mauer gefallen. Wie betrachten Sie die Ereignisse heute?

Die Frage kommt natürlich immer, deswegen verfalle ich in ein tiefes Schweigen, wenn sie zum 180. Mal kommt.

Wo waren Sie damals?

Hier in Berlin. Ich mußte aber am Tag danach nach New York. Vorher ging man als Privilegierter immer Richtung Diensteingang mit dem Paß, und jetzt plötzlich waren das Tausende. Es war fast unmöglich, durch diese Menge rechtzeitig zum Flughafen zu kommen. Das war mein erstes Hauptproblem. Der Abbau der Privilegien (lacht).

Wie haben Sie den Tag sonst erlebt?

Ich habe keinen Sekt getrunken. Ich habe es eher mit zwiespältigen Gefühlen erlebt, weil ich glaube, es war zu früh. Man hätte das noch ein bißchen besser vorbereiten können. Die Mauer war ja auch so ein Regulativ zwischen zwei Geschwindigkeiten. Verlangsamung im Osten, man versucht die Geschichte anzuhalten und alles einzufrieren, und diese totale Beschleunigung im Westen, die Schweiz eingeschlossen, auch wenn man das an der Oberfläche nicht so merkt. Und plötzlich ist dies Regulativ weg und es entsteht ein Wirbel, der zunächst ein Schwindelgefühl erzeugt bei den Leuten. Es war einfach ein Schock, weil es überhaupt nicht vorbereitet war. Und dieser Schock hat, glaube ich, sehr viel gekostet. Es war eine chirurgische Variante eines Prozesses, den man wahrscheinlich auch medikamentös hätte behandeln können oder homöopathisch. Aber jetzt ist es chirurgisch passiert, und man muß damit leben.

Wird der deutsche Gebietszuwachs aufhören, oder erwarten Sie, daß die jetzt nicht wiedervereinigten Ostgebiete hinzukommen?

Das ist völlig überflüssig, man kann ja kaufen, man muß nicht politisch besetzen. Auch diese Ängste, die es da gibt in Westeuropa vor den abstrakten Deutschen, ich glaube, die sind übertrieben. Denn dieses Gesamtdeutschland wird schwächer sein, als es die Bundesrepublik war – für lange Zeit, geschwächt durch den Osten. Und es ist der Krankheitskeim gelegt. Der Kommunismus hat jetzt keinen Ort mehr, das Reich des Bösen ist weg, man hat kein Feindbild mehr, keinen Feind, aber jetzt wird der Kommunismus ein Virus, wirklich endemisch. Der andere Aspekt ist: Es gab, wenn man diese Kategorien verwenden will, die in Europa üblich sind, zwischen der Ersten und der Dritten Welt eine Zweite Welt. Und die Zweite Welt ist jetzt weg. Jetzt ist die Erste unmittelbar mit der Dritten Welt konfrontiert. Das ist gefährlich. Das hat man ja sofort gesehen im Irak. Das war das nächste Ereignis nach dem Fall der Mauer.

Wird es eine neue Rassismuswelle geben?

Das ist klar. Rassismus hat überall soziale Wurzeln. Wenn die Arbeitsplätze knapp werden, ertönt automatisch: Ausländer raus! Überall, also nicht nur in Deutschland. Der Rassismus ist in Frankreich genauso stark, wird nur nicht so weltweit publiziert. Wenn es in Deutschland ist, gibt es ein globales Interesse dafür, wegen der deutschen Vergangenheit. Aber in England ist

Rassismus normal, in Frankreich noch schlimmer, glaube ich, auch in Italien fängt es an, die Schweiz ist sowieso ausländerfeindlich, traditionell, nur wird der Rassismus bei ihnen bürokratisch, administrativ ausgeübt, nicht so sehr auf der Straße. Aber hier kommt er auf die Straße. Gefährlich kann es nur werden, wenn der Standard der D-Mark gefährdet ist. Weil das die deutsche Identität ist, die einzige: der Standard der D-Mark. Alles andere ist Bier und sind Phrasen. Auch wenn es diesen Bierrausch gibt mit »Deutschland, Deutschland«. Das spielt im Grunde keine Rolle, außer bei Fußballspielen und beim Kampf um Arbeitsplätze.

Empfinden Sie Bundeskanzler Helmut Kohl als Ihren Landesvater?

Ich empfand noch nie einen Regierungschef als Vater oder Mutter. Das ist mir irgendwie nicht gegeben.

Wie würden Sie mit der Stasi-Vergangenheit einiger Ihrer Mitbürgerinnen und Mitbürger umgehen?

Die Leidenschaft, mit der dies betrieben wird, hat ja auch zu tun mit dem Wunsch, hinter diesen 40 Jahren DDR die zwölf Jahre Faschismus verschwinden zu lassen. Wenn man diese DDR schwarz genug malt, dann deckt sie Auschwitz zu. Das ist ein Trend, etwas überspitzt. Der andere Punkt ist: Man tut jetzt so, als ob die anderen Geheimdienste alle Krankenschwesternverbände wären. Zum Geheimdienst gehört das Verbrechen, das ist berufsbedingt. Und alle Geheimdienste in allen Staaten brauchen kriminelle Energien und setzen sie ein. Eine andere Sache ist die: Am schlimmsten sind diejenigen dran, die aus der Emigration kommen, aus dem Exil. Das war hier das Problem. Jene, die die Macht übernommen haben, oder denen sie aufgedrückt worden ist von den

Russen, kamen in ein Land, aus dem sie vertrieben worden sind, oder kamen aus Zuchthäusern oder aus Konzentrationslagern, hatten nun das Bewußtsein wegen dieser Erfahrung, daß sie in einer feindlichen Bevölkerung lebten. Und die Angst vor Bewegung von unten, die war schon fast ein biologischer Reflex bei diesen Biographien. Und von da kam dieses paranoische Sicherheitsbedürfnis und der ganze Sicherheitsapparat, der im Grunde völlig uneffektiv war. Der einzige Produktionszweig, der hier geblüht hat, war die Produktion von Staatsfeinden durch die Staatssicherheit. Die Staatssicherheit hat auch die Voraussetzungen geschaffen für diese Wende – aus der gegenteiligen Absicht. Die Intention war, diese Struktur zu befestigen, zu sichern. Doch sie haben sie immer mehr durchlöchert, zerstört, unsicher gemacht und den Zusammenbruch vorbereitet. Sie haben wenigstens ebensoviel Verdienst am Zusammenbruch der DDR wie die Demonstranten in Leipzig und die Leute, die nach Berlin gegangen sind. Es war eine Arbeitsteilung. Die Staatssicherheit und die Staatsfeinde haben gemeinsam den Staat zerstört.

Literarisch verarbeitet wie Christa Wolf in ihrem Buch WAS BLEIBT *haben Sie die Überwachung nicht.*

Jedenfalls nicht so direkt, es hat mich auch nicht besonders berührt oder betroffen. Das Irritierende am Buch von der Wolf ist ja, daß sie so aus allen Wolken fällt. Es war ja das Selbstverständliche, daß man überwacht und kontrolliert wird, sobald man mit dem Westen zu tun hatte und hier lebte. Aber es gibt mit Sicherheit beim Bundesnachrichtendienst auch eine Akte, da steht sicher auch sehr Schönes drin. Ich verstehe das sehr gut: Jeder, der im Gefängnis war, der physisch verfolgt wurde, hat das Recht auf seine Akte. Bloß interessiert mich die Akte gar nicht. Da steht so viel Blödsinn drin.

Was geschieht nach der Vereinigung von ost- und westdeutschen Kulturschaffenden?

Es wird eine Niveausenkung im gesamten Kulturbereich geben.

Weshalb?

Ganz konkret sieht man's jetzt schon. Nicht nur die Ost-Berliner Theater, ich rede gar nicht von den DDR-Theatern, haben Besucherprobleme bis auf ein paar Aufführungen. Auch die West-Berliner Theater haben Besucherprobleme. Ich kann's gar nicht recht begründen, aber der Kampf gegen die DDR-Intellektuellen kommt auch aus der Angst, daß auch die Intellektuellen in der Bundesrepublik nicht mehr so eine große Rolle spielen werden. Sie haben nie eine große Rolle gespielt, aber jetzt noch viel weniger. Aus der DDR kommt eine Welle von Dumpfheit, was politisches Selbstverständnis angeht. Und es ist ganz klar, was diese Bevölkerung hier verarbeitet hat, sind vierzig Jahre Demütigung. Und Demütigung macht nicht klug, die macht dumm. Die erste Reaktion ist eine blinde Aggression. Und überall, wo es Rassismus gab, gab es auch Anti-Intellektualismus. Der Sartre hat den Anti-Semitismus definiert als eine spezifische Form von Anti-Intellektualismus. Und da ist was dran. Und das gilt jetzt auch gegenüber den Intellektuellen in beiden deutschen Staaten. Die waren in Deutschland nie beliebt, das hat mit der Geschichte zu tun, die waren nie auf der Seite der Bevölkerung gegen die Regierung, die waren immer dazwischen, weil es in Deutschland nie eine Gesellschaft gegeben hat, weil es nie eine Revolution gegeben hat, außer vielleicht 1933, das war die erste gelungene deutsche Revolution. Vorher ist keine gelungen und danach bisher auch nicht.

Machten vierzig Jahre DDR die Menschen, wie Sie sagten, wirklich dumm?

Nein, ich meine nur: Die Erfahrung dieser Bevölkerung war nationale Demütigung. Das fing an mit der sowjetischen Besatzung. Das war Terror, eine stalinistische Kolonie. Dazu gab es in keinem osteuropäischen Land eine derart devote Haltung zu allem, was aus der Sowjetunion kam.

Und das wurde widerspruchslos akzeptiert?

Ja, massenweise. Es wurde von der Partei befohlen, rekommandiert. Alles wurde kopiert. Das hörte dann erst auf mit Gorbatschow. Das wollten sie nicht kopieren. Gorbatschow wurde bekämpft und abgelehnt. Dabei wäre das die letzte der drei Chancen der DDR gewesen, sich evolutionär zu verändern. Es gab drei Chancen: 1953, der Aufstand, das war eine Chance zum Dialog, wenn man klug genug gewesen wäre, damit umzugehen; man hat nur repressiv reagiert darauf. Die nächste Chance war 1961 der Mauerbau. Ich erinnere mich, ich war gerade in den Proben, ein Stück von mir, es war eine sehr lange Probe mit einer Laiengruppe hier in der Hochschule für Ökonomie. Es fing an vor dem 13. August, glaube ich, und ging bis Oktober. Und wir waren ungeheuer froh über die Mauer. Manfred Krug hat sofort einen Film gemacht, damals zur Mauer, wie ein Arbeiter einer Betriebskampfgruppe ein blondes Mädchen vor der Prostitution in West-Berlin rettet, indem er es noch rechtzeitig auf diese Seite der Mauer bringt. Ein ganz rührendes Werk. Wolf Biermann hat ein Stück geschrieben mit einer ganz ähnlichen Geschichte. Wir fanden alle, daß das das einzig Richtige ist und das einzig Mögliche. Und das war auch die einzige Möglichkeit, die ökonomische Ausblutung der DDR zu verhindern. Und wir dachten: Jetzt ist die Mauer da, jetzt kann man in der DDR über alles offen reden. Zur gleichen Zeit sagte der Sekretär von Ulbricht zu Stephan Hermlin, das hat er mir später erzählt: Jetzt haben wir die Mauer, und daran werden wir jeden zerquetschen, der gegen uns ist. Und wir hatten diese Illusion, daß mit dieser Befestigung eine Gelegenheit zum großen Dialog da ist, was auch Brecht glaubte, nach 1953. Das Ganze ist eine Tragödie der Dummheit, und der Inkompetenz auch. Das ist ein ganz wichtiger Aspekt da. Das macht's nicht weniger tragisch, aber es macht's eben tragikomisch.

Inzwischen wollen manche die Mauer zurückhaben. Und möglichst noch zwei Meter höher.

Ja. Das verstehe ich sehr gut. Aber im Moment sind das hauptsächlich Leute im Westen, die anfangen, ihr Geld zu zählen und die überlegen, wieviel sie das Ganze kosten wird. Es gibt ja überall Mauern. In Holland gibt es einen großen Streit um ein neues Gesetz. Da können Asylbewerber – und die kommen hauptsächlich aus dem Osten oder aus den ehemaligen Kolonien –, wenn ihr Antrag abgelehnt wird, dagegen klagen. Aber die Zeit, die das dauert, müssen sie im Gefängnis verbringen. Das ist so ein Beispiel für eine Mauer. Oder die Einreisesperre für sowjetische Juden in der Bundesrepublik. Es wird immer mehr solche Mauern geben.

Bei der Wiedervereinigung ging es praktisch nur um politische oder wirtschaftliche Aspekte, kulturelle wurden kaum berührt.

Sie spielen auch keine Rolle in den nächsten Jahren. Das meine ich ja mit der Niveausenkung. Es spielt auch für die Leute keine so große Rolle. In der DDR haben die

Leute zum ersten Mal die Gelegenheit, Filme zu sehen, die sie zuvor nicht sehen durften. Sie können Videos sehen. Das erste, das DDR-Bürger gekauft haben, waren Bananen und Elektronik. Ganz verständlich. Und jetzt sitzen die zu Hause mit ihren Porno-Videos und müssen das erst einmal nachholen, die vierzig Jahre ohne Porno. Das dauert ein paar Jahre, das muß man ihnen auch gönnen.

Porno statt Theater?

Ja, klar. Nach einem Jahr hat man die Nase voll von Pornos, man will nicht mehr so viele sehen, und dann geht man vielleicht wieder ins Theater.

Wieviele davon werden dann noch existieren?

Keine Ahnung. Jetzt sind ja die Länder zuständig, und die haben kein Geld für Kultur.

Literarische Richtungen wie der Bitterfelder Weg, also die Arbeiterliteratur, spielte das vor einem Jahr noch eine Rolle?

Eigentlich nicht. Das war ja auch so eine Phrase. Das Konzept fand ich sehr interessant. Daß Leute, die arbeiten, über ihre Arbeitswelt schreiben, über ihre Erfahrungen. Aber es ist so schnell kanalisiert und zum Kitsch gemacht worden, zur Apologie, daß das gar nicht stattgefunden hat. Die Ideen kamen auch immer zu spät, das gehört auch zu Deutschland. Es kommt immer alles entweder zu früh oder zu spät. Mein Lieblingssatz zu den Ereignissen ist aus einem ganz frühen Marx-Text: »Die Deutschen erleben die Freiheit immer nur am Tag ihrer Beerdigung.«

War es eine bequeme Situation als Intellektueller in der DDR?

Beides. Bequem und unbequem. Es war, wenn man von Konsummaßstäben ausgeht, vielleicht doch sehr unbequem. Der Alltag war jedenfalls sehr unbequem. Philip Roth, ein amerikanischer Journalist, der war mal in Berlin vor vier, fünf Jahren, hat in Ost- und Westberlin mit vielen Leuten gesprochen. Und in einem Interview wurde er nach dem Unterschied bezüglich der Literatur gefragt. Und er sagte: Im Osten kann man alles schreiben und nichts publizieren. Im Westen kann man alles publizieren und nichts schreiben. Weil es keine Erfahrung gibt. Hier gab's sehr viel Erfahrung, positive und negative, in den letzten Jahren zunehmend negative. Auch die Erfahrung des Scheiterns ist ein großes Kapital, das ist jetzt ein ungeheures Material für Kunst. Ich denke schon, daß es eine Menschheitserfahrung ist, dieses Scheitern. Es ist doch ein seltener Glücksfall in einem Lebenslauf, zwei Staaten untergehen zu sehen. Das erleben die wenigsten. Shakespeare hat nicht einmal einen Staat untergehen sehen. Ich meine schon, der Materialwert von dem, was passiert ist, ist ungeheuer. Das ist ein ganz snobistischer Standpunkt natürlich, der eines Schriftstellers.

Ist nach der Utopie DDR kein Platz mehr für Utopien?

Ich würde sagen, das Wort Utopie ist im Moment belastet. Es ist schwer zu verwenden, weil klar ist, daß im Namen von Utopien immer die schlimmsten Terrorstrukturen entstanden sind. Denn wenn man ein Ziel setzt, muß man den Weg kontrollieren. Dann entstehen Weg-Kontrollmechanismen, und die machen sich selbständig und verheizen das Ziel. Deswegen würde ich lieber davon reden, daß da jetzt eine Leerstelle ist, ein Vakuum, ein weltweites. Es gibt die Vorstellung einer gerechten Gesellschaft, die ist nicht mehr wegzudenken. Eine Gesellschaft, wo es eben nicht zwei Drittel oder ein Drittel oder ein Viertel Reiche gibt und der Rest ist arm und ein Rest verhungert. Diese Vorstellung ist da, und es wird immer wieder Versuche geben, diese Vorstellung zu realisieren.

Sie sind Präsident der Ost-Berliner Akademie der Künste. Welche Pläne haben Sie mit ihr?

Die Akademie der DDR kann es nicht mehr geben, weil es die DDR nicht mehr gibt. Man muß also eine neue Struktur dafür finden. Eine Vereinigung mit der West-Berliner Akademie stößt auf zwei Schwierigkeiten. Wenn man alle übernehmen würde, wäre das ein ungeheurer Wasserkopf. Eine Akademie mit 400 Leuten ist lächerlich. Und andererseits gibt es natürlich in der West-Berliner Akademie großen Widerstand gegen sehr viele Mitglieder aus der DDR-Akademie. Das hängt mit der Geschichte der beiden Akademien zusammen. Die DDR-Akademie ist gegründet worden 1948 oder 1949, und der erste Präsident war Heinrich Mann. Das war der Versuch, die Tradition dieser Preußischen Akademie wieder aufzunehmen, die von den Nazis kassiert wurde, das heißt, man hat den Heinrich Mann rausgeschmissen und den Liebermann, und die Nazis besetzten die Akademie. Heinrich Mann hatte das Glück, daß er in Kalifornien gestorben ist, bevor er das Amt antreten konnte, er wollte es aber noch. Und dann war die Akademie beherrscht von den Emigranten, von Brecht, Arnold Zweig, Anna Seghers, und die Orientierung war immer gesamtdeutsch. Es gab von vornherein viele ausländische Mitglieder, und von dem Moment, als das gesamtdeutsche Konzept nicht mehr aktuell war – das war ja das Konzept von Stalin, der hatte schon begriffen, daß dieses halbe Deutschland hier zu teuer wird. Und von da ab hat in dieser Akademie immer stärker der Staat eingegriffen und kontrolliert. Es war so eine Geschichte von Widerstand und Anpassung. Konkret lief das so: Christa Wolf wurde von den Mitgliedern gewählt. Das ist zwei, drei Jahre abgelehnt worden, denn unterschreiben mußte der Ministerpräsident. Und schließlich gab es eine Parteiauflage. Die Partei sagte, ihr könnt die Christa Wolf wählen, dafür müßt ihr aber *den* auch wählen. Es wurden immer Leute reingedrückt, als Gegengewicht. Volker Braun oder ich, wir sind vier oder fünf Jahre lang abgelehnt worden vom Ministerpräsidenten. Und schließlich gab es einen Kompromiß. Wenn ihr die drei wählt, könnt ihr die zwei haben. Und nun sind die Leute drin, die sind aber korrekt gewählt worden. Die kann man nicht einfach rausschmeißen. Und das ist der Widerstand der anderen Akademie gegen die Fusion. Andererseits ist die West-Berliner Akademie natürlich eine Gegengründung gewesen in der Zeit des Kalten Krieges.

Wieso können Sie unliebsame Mitglieder nicht loswerden?

Ja, wie denn?

Sie sind lebenslang gewählt...

Ja, das ist bei jeder Akademie so, das steht im Statut.

Freiwillige Rücktritte sind nicht zu erwarten?

Nein. Das war meine Hoffnung, gibt's aber nicht. Deswegen die Idee mit der europäischen Struktur, weil es kann nicht in Berlin zwei Akademien mit der gleichen Struktur geben. Da muß man etwas Neues finden. Eigentlich geht es um eine Auflösung und gleichzeitig

Neukonstituierung einer anderen. Und da gibt es ein einfaches Argument. Man kann nicht ein solches Übergewicht an deutschen Mitgliedern haben, wenn man die Ausländer zu ordentlichen Mitgliedern macht, was sie bisher nicht waren, die waren korrespondierende Mitglieder. Dazu gehören Leute wie Akira Kurosawa, Ed Murdoch, Gabriel García Márquez – Picasso war Mitglied, Chaplin war Mitglied – das ist schon eine Tradition. Und die Idee ist einfach, jetzt auszugehen von den nicht-deutschen Mitgliedern. Die müßten in der Mehrheit sein. Und dann braucht man eine Quote für die Deutschen, dann wird nach dieser Quote gewählt. Und wenn die Ausländer mitwählen, dann gibt das schon eine richtige Selektion, glaube ich. Das ist eine anständige Art, damit umzugehen. Es ist ja auch so, daß einige von denen, die von der Partei in die Akademie gedrückt worden sind, das gar nicht wußten. Die haben ja geglaubt, daß sie wegen ihrer großen Begabung gewählt worden seien. Je kleiner die Begabung ist, desto größer ist manchmal die Vorstellung von ihr. Und es sind ja auch keine Verbrecher.

Bautzen oder Babylon
»Sinn und Form«, 4/1991

Von Bautzen nach Babylon geht der Weg der Bevölkerung der ehemaligen DDR und – wenn man Bautzen als Synonym für staatliche Gewalt gegen Mehrheiten setzt, Mehrheiten im eignen Territorium statt in Kolonien – langwieriger und verschlungener, der Weg der Bevölkerungen Osteuropas. Damit etwas kommt, muß etwas gehen, kein Gewinn ohne Verlust: der Gewinn der Freiheit wird als Verlust an Sicherheit erfahren. Die Sicherheit war machtgeschützt, die Freiheit ist ein Privileg. Die Geschichte hat die Maske der Politik abgeworfen und zeigt das eiserne Gesicht des Marktes; der Alltag fragt mit Marx und Brecht wieder: wer wen. Die Teilung Deutschlands war ein Ausdruck der Teilung der Welt, die nicht aufgehoben ist mit der Einheit Deutschlands und mit der Entspannung zwischen Ost und West. Die große Sintflut, die Bertolt Brecht über die bürgerliche Welt hereinbrechen sah, kommt anders: als Flutwelle der implodierenden Zweiten und der Dritten Welt, das Ende der Geschichte ist ein Wunschtraum saturierter Eliten. Auch in Europa wird das Vakuum nach dem Verlust der Feindbilder in Schwarz und Weiß durch den Fall der Mauern zunehmend zum Abgrund, in dem sich Verdrängtes und Vergeßnes formiert: Nationalismen und Rassismen, ihr Nährboden der Hunger, die Demütigung durch den kulturellen Imperialismus der Zentralgewalten, die Frustration im Schrott der Utopien. Die Regionen essen die Imperien, die Toten haben das letzte Wort. Mit dem Golfkrieg ist die Erfahrung des Scheiterns wieder Allgemeingut, nicht mehr Privileg der Intellektuellen Osteuropas. Nach dem Ende der Ideologien muß der notwendige Dialog auf dem Boden der Tatsachen geführt werden. Die Kunstwerke sind das Gedächtnis der Menschheit, Gedächtnis setzt das Überleben der Gattung voraus. Sie steht zur Disposition, die Abwicklung des Planeten ist im Gange. Berlin wird als Drehscheibe zwischen Ost und West ein Ort sein, an dem Entscheidungen fallen, die nicht nur für Europa relevant sind. Deshalb die Idee einer Europäischen Sozietät in Berlin, die nicht eurozentristisch gedacht ist – Europa, das die USA und die Sowjetunion nicht ausschließen kann, hat eine Schuld abzutragen, historisch und aktuell –, einer Werkstatt der Künste, die aus dem Dialog der Akademien mit den Toten heraustreten müssen in die Zugluft der Gegenwart, und des öffentlichen Denkens, gegen modische und/oder ökonomisch definierte Szenarien des Untergangs, für eine mögliche Zukunft ohne Selektion. Wir brauchen Ihre Hilfe.

Was wird aus dem größeren Deutschland?
Ein Gespräch mit Alexander Weigel für »Sinn und Form«, 4/1991

Herr Müller, woran arbeiten Sie zur Zeit?

Ich arbeite an der Inszenierung dreier Texte von mir für eine Aufführung am Deutschen Theater Berlin: QUARTETT (nach Laclos, 1782), MAUSER (Handlung etwa 1920), DER FINDLING (nach 1968). Das Merkwürdige an diesen drei Texten ist, daß der historisch am weitesten entfernte, also QUARTETT, dem Publikum am nächsten und der historisch jüngste, DER FINDLING (5. Teil von WOLOKOLAMSKER CHAUSSEE), der im wesentlichen 1968 in der DDR spielt, dem Publikum der fernste sein wird. Die Inszenierung ist eine Reise aus der Vergangenheit rückwärts in die Gegenwart, denn die Vergangenheit liegt vor uns und die Zukunft, die in der Gegenwart eingeschlossen war, hinter uns. Das ist vielleicht die Formulierung einer kollektiven Erfahrung, die jetzt von der Bevölkerung der DDR gemacht wird, auch wenn nur Intellektuelle sie reflektieren. Was in Osteuropa einschließlich der DDR gescheitert ist, war ein Versuch, die Zeit anzuhalten (die Berliner Mauer war eine Zeitmauer) im Namen einer Zukunft, die auf sich warten ließ wie der Messias. Das Leben fand in der Warteschleife statt. Die präziseste Beschreibung der Situation ist Kafkas Erzählung DAS STADTWAPPEN über den immer wieder aufgeschobenen Bau des Turms zu Babel. In einem der Svendborger Gespräche Walter Benjamins mit Brecht sagte Benjamin den dunklen Satz: »Kafka ist der erste bolschewistische Schriftsteller«, und Brecht erwiderte: »Dann bin ich der letzte katholische«. Beide Sätze sind jetzt von der Geschichte bestätigt worden. Zur condition humaine gehört die Angst vor der Zukunft und die Sehnsucht nach der Vergangenheit. Ein Medikament gegen diese Angst und gegen diese Sehnsucht ist die Atomisierung des Menschen in der ewigen Gegenwart des Kapitalismus. »Werd ich zum Augenblicke sagen: / Verweile doch! du bist so schön!« ist Goethes Formel für Fausts Todsünde, für die ihn der Teufel holt.

Glauben Sie, daß den Kapitalismus irgendwann der Teufel holen wird?

Ich bin dessen so sicher wie der Papst. Die Frage ist, in welcher Gestalt oder Maske der Teufel diesmal auftreten wird. Diese Frage zu beantworten ist mit den Jahren schwieriger geworden. »Der Teufel kennt viele Verkleidungen.« (QUARTETT) ». . . das Gras noch / müssen wir ausreißen, damit es grün bleibt.« (MAUSER) ». . . dein Augenblick / Der Wahrheit IM SPIEGEL DAS FEINDBILD« (DER FINDLING).

Und was wird mit dem größeren Deutschland?

Zunächst einmal glaube ich, daß vor dem größeren Deutschland niemand Angst haben muß. Es ist ein schwächeres Deutschland. Die Schlange hat nach vier Jahrzehnten hypnotischer Behandlung das Kaninchen verschluckt, aber es scheint sich herauszustellen, daß das Kaninchen ein Igel war, und bekanntlich haben Igel die Fähigkeit zu einem langen Winterschlaf.
Die sogenannte deutsche »Wiedervereinigung« (in der bisherigen Geschichte waren die Deutschen immer nur einig gegen die Franzosen, Briten, Russen usw.) findet in der Form einer Kolonisierung statt. Die deutsche West-Ost-Begegnung ist ein Nord-Süd-Konflikt. Deutsche gegen Deutsche. Europa und vielleicht die Welt sollten dem Genie Helmut Kohls dafür dankbar sein.

Was bedeutet das für das geistige Leben und die Kunst in der DDR?

Wo man in Mexiko eine katholische Kirche sieht, entdeckt man bei genauerem Hinsehen unter der Kirche die Reste eines aztekischen Tempels. Die ökonomisch über- und kulturell unterentwickelte Zivilisation der ehemaligen Bundesrepublik versucht, die in der ehemaligen DDR im Widerstand gegen die stalinistische Kolonisierung gewachsene Kultur durch Diffamierung und administrativ auszulöschen. Die Geschichte soll auch diesmal von den Siegern umgeschrieben werden. Der Verdrängung der Nazi-Vergangenheit entspricht und dient die Dämonisierung der DDR-Geschichte. Vierzig Jahre Bautzen machen zehn Jahre Auschwitz vergessen.
Für die Kunst gilt wie immer und überall: die Statuen dauern länger als die Kulte, denen sie gewidmet sind. Daß er für die Borgias gearbeitet hat, ändert nichts am Rang von Michelangelo. Die Kunst hat eine andere Zeit als die Politik oder die Geschichte.

Was sagen Sie zu dem Vorwurf, daß die Kunst sich in der DDR zur Magd der Politik machen ließ?

Wenn sie Kunst war, dann war sie eine höchst unzuverlässige und renitente Magd.
Die eigentliche Frage/Kritik gilt der Illusion/dem Traum der linken Intelligenz nicht nur in der DDR, nicht nur in Europa, von einer möglichen Hochzeit von Kunst und Politik im Namen der Utopie von einer sozial gerechten Gesellschaft. Die Illusion ist verflogen, der Traum ist nicht ausgeträumt. Aber für Jahrzehnte wird nach dem vorläufigen Sieg des Kapitalismus, der ein System der Selektion ist (das Prinzip Auschwitz), die Kunst der einzige Ort der Utopie sein, das Museum, in dem die Utopie aufgehoben wird für bessere Zeiten. Im Osten galt der

Satz Napoleons, Konsequenz der Französischen Revolution: »Die Politik ist das Schicksal.« Nach dem Scheitern der russischen Revolution, die auf der Basis der Unterentwicklung nur in eine Travestie der französischen umschlagen konnte, gilt der Satz: »Das Geld ist das Schicksal«, auch dieser eine Konsequenz der Französischen Revolution und gleichzeitig die Pervertierung ihres Programms der Einheit von Freiheit und Gleichheit.

Ist Ihnen, als dem Präsidenten der Akademie der Künste, die Politik nun auch zum Schicksal geworden?

Und das Geld. In allen Akademien der Welt gibt es Mitglieder, die es nicht durch ihre Qualität, sondern durch eine Lobby geworden sind. Die Lobby in der DDR war die Staatspartei. Um Mitglieder wie John Heartfield, Christa Wolf, Volker Braun und andere wählen zu dürfen, mußte die DDR-Akademie Mitglieder wählen (und hat sie gewählt, das ist ihre Schande), die nur die Staatspartei für akademiewürdig hielt, Funktionäre und politische Trivialkünstler. Das ist die Angriffsfläche, die jetzt vom Berliner Senat als Legitimation genommen wird, die Akademie als Ganzes zu liquidieren, deren erster Präsident Heinrich Mann war, zu deren Mitgliedern Bertolt Brecht, Anna Seghers, Arnold Zweig gehörten; zu deren korrespondierenden Mitgliedern zum Beispiel Pierre Boulez, Akira Kurosawa, Gabriel García Márquez, Wole Soyinka, Giorgio Strehler, Michel Tournier, Wim Wenders gehören.
Meinem Projekt einer Umwandlung der Akademie in eine Europäische Künstlersozietät »Heinrich Mann«, das die Reduzierung der deutschen Mitglieder auf eine Minderheit von Künstlern, deren Qualität nicht bestreitbar ist, voraussetzt, droht der Senat von Berlin jetzt mit Geldentzug. Die Sieger schreiben die Geschichte, aber ich fürchte, sie sind Analphabeten, was die europäische

Lektion betrifft. Der Kultursenator von Berlin schreitet in Cowboy-Stiefeln durch die kulturelle Landschaft der (vielleicht) künftigen Metropole. Das entspricht dem Trend der deutschen Vereinigung: Sie senkt das geistige Niveau in den neuen *und* den alten Bundesländern und tradiert das gestörte Verhältnis zwischen Politik und Intelligenz, Politikern und Intellektuellen, »Geist und Macht« (Heinrich Mann), das die deutsche Geschichte blutig geprägt hat. Dem Satz von de Gaulle: »Einen Voltaire verhaftet man nicht« entspricht in Deutschland die Beschimpfung Bertolt Brechts durch einen Vergleich mit dem Verfasser des Horst-Wessel-Lieds und von Autoren wie Heinrich Böll, Günter Grass und anderen als »Pinscher« durch Politiker, deren Namen nicht genannt werden müssen, weil sie ohnehin der Vergangenheit angehören.

Das war in der DDR nicht anders, wenn auch die stalinistische Methode, Intellektuelle zu liquidieren, weil man sie nicht kaufen konnte, hier nur in Einzelfällen Platz gegriffen hat. Die Schuld der Intellektuellen in der DDR, zu denen ich gehöre, besteht darin, daß sie Privilegien akzeptiert haben; die meisten wissend, daß die Privilegien sie von der Bevölkerung trennten und damit im Sinn des Regimes unschädlich machten. »Die Weber in Apolda hungern, aber ich muß die IPHIGENIE in Jamben setzen.« (Goethe zu Eckermann)

Woran arbeiten Sie als Autor?

Für meinen Schreibtisch habe ich jetzt keine Zeit. In meinem Kopf arbeiten fünf Stücke. Ich weiß nicht, wie lange das mein Kopf noch aushält. Das erste Stück, das ich schreiben will, wird ein Stück über den Zweiten Weltkrieg in Rußland sein, das den Zeitraum von Stalingrad bis zum Fall der Mauer umfaßt. Die Protagonisten sind die Opfer, die Schatten im Hintergrund Hitler und Stalin.

Sind es nur die Schatten der Vergangenheit, die Sie fürchten?

»Wie früher Geister kamen aus Vergangenheit / So jetzt aus Zukunft ebenso.« (Brecht, FATZER-FRAGMENT) Furcht vor der Zukunft reduziert sich durch mein Alter. Ich habe nicht mehr viel zu fürchten als den Tod, gegen den ich persönlich nichts einwenden kann. Was mir Schrecken bereitet, sind Dinge, wie zum Beispiel ein »Spiegel«-Gespräch mit Arnold Schwarzenegger über seinen Aufstieg zum Megastar. »Das ist ungefähr unsere Zukunft.« (Brecht, FATZER-FRAGMENT) Ich habe nichts gegen diesen Menschen, aber muß er die Zukunft sein? Muß der »Spiegel« ihn anbeten, nur weil er mehr Muskeln hat als Augstein?

Ich bin kein Held, das ist nicht mein Job
Ein Gespräch mit Rüdiger Schaper und C. Bernd Sucher
für »Süddeutsche Zeitung«, 14./15. 9. 1991

Herr Müller, Sie haben in einem Interview gesagt, daß Sie große Schwierigkeiten hätten, mit Ihrer Berühmtheit fertig zu werden. Nun scheint mir aber, daß Sie die Öffentlichkeit nicht gerade fliehen, sondern im Gegenteil in jedes Mikrophon reden, das vor Ihren Mund gehalten wird.

Völlig richtig beobachtet. Ich hatte mir vorgenommen, ab Oktober vorigen Jahres keine Interviews mehr zu geben. Das ging dann plötzlich nicht mehr wegen der Akademie. Außerdem bin ich nie konsequent gewesen, außer beim Schreiben, denn das ist eine andere Existenz. Beide Bereiche sind sehr schwer reinzuhalten von Öffentlichkeit.

Aber Sie machen sich ja mehr Arbeit, als Sie haben müßten. Sie müßten jetzt nicht auch noch in Bayreuth inszenieren, zumal diese Aufgabe äußerst riskant ist und viele nicht recht verstehen wollen, warum Sie, der Sie nie mit Musik, zu Musik gearbeitet haben, ausgerechnet TRISTAN inszenieren.

Gegen Risiken habe ich nichts. Die Misere, warum Theater so schnell langweilig wird, entsteht ja daraus, daß Regisseure und Schauspieler, wenn sie irgend etwas können, immer das weitermachen, was sie können. Es kann nur etwas Neues entstehen, wenn man das macht, was man nicht kann.

Warum machen Sie so viel Regie? Wir warten eigentlich auf neue Müller-Texte, seit Jahren.

Das sind alte Verpflichtungen. Ich habe diese Produktion dem Deutschen Theater versprochen und im nächsten Jahr noch eine. Und dann kommt das Schreiben. Vielmehr: Ich habe schon angefangen. Der Schiller hat mal sieben Jahre lang kein Stück geschrieben, was soll's.

Der Vergleich ist gut.

Da ist aber noch ein anderer Punkt: Die DDR war schreibend sehr schnell einzuholen, da war nicht soviel zu schreiben. Was man über die DDR schreiben konnte, war alles schon geschrieben. Die DDR war für mich als Schriftsteller ja schon lange zu Ende, bevor sie politisch zu Ende war.

Sie haben dem Staat aber relativ lange die Treue gehalten.

Was heißt Treue?

Sie haben die Ehrungen, die Preise entgegengenommen.

Und das Geld. Geld nehme ich immer. Geld verschafft Freiheit. Außerdem kamen die Ehrungen sehr spät. Das war ja eher eine Entschuldigung des Staats, eine Wiedergutmachung. Volker Braun war noch ein Jahr später dran. Er hat auch lange überlegt, ob er das akzeptieren soll oder nicht. Aber diese heroischen Haltungen ...

In einem anderen Interview formulierten Sie: »Ich bin zuerst Schriftsteller und dann Held.« Was ist heldisch an Heiner Müller?

Ich bin kein Held, das ist nicht mein Job. Ich meinte: Es gibt einfach Prioritäten. Ich bin Schriftsteller zuallererst. Das Wesentliche ist, die Möglichkeit zu finden, das zu schreiben, was ich schreiben will und was nur ich schreiben kann. Das ist die erste Moral. Danach kommt alles andere. Ein Held wollte ich nicht sein. Das ist aber nicht so gemeint, daß ich von acht bis zwölf Uhr Schriftsteller bin und danach ein Held. Da ich aber nicht aufhöre, Schriftsteller zu sein, ist es nicht dazu gekommen, daß ich Held werde.

Bei einer Pressekonferenz formulierten Sie, es sei im Moment keine Zeit für Dramen, sondern für Prosa. Bleiben Sie dabei?

Ich war ungefähr vier Wochen lang der Meinung. Gemeint war eigentlich, daß ich kein Interesse daran habe, jetzt ein Stück zu schreiben mit einem unmittelbar gegenwärtigen Stoff. Das interessiert mich nicht. Das, was jetzt hier in der DDR passiert, ist nichts Neues. Das ist eine natürlich sehr variierte und variantenreiche und komplexe Wiederholung einer Sache, die mich als Autor nicht interessiert.

Das heißt konkret?

Ganz aktuell ist jetzt eigentlich der Brecht der Endzwanziger und frühen dreißiger Jahre. Aber ganz schwer zu aktualisieren ist der späte Brecht. Ich glaube, daß die Probleme und Konflikte der Mehrheit der Bevölkerung hier Gegenstand für Prosa sind, für Film und Fernsehen, was immer, aber nicht für Dramen. Das hängt natürlich damit zusammen, daß es keine Politik mehr gibt, weil es kein Feindbild mehr gibt.

Das heißt, unter Stalin kann man Dramen schreiben, unter Kohl nicht?

Unter Kohl kann man gewiß, bloß nicht über Kohl. Drama schreibt sich besser vor dem Hintergrund von Diktatur als von Demokratie, wie auch immer die beschaffen ist. Ich setze die durchaus in Gänsefüßchen.

Demokratie langweilt Sie?

Ja, das auch. Aber es gibt genug Stoff, der mit der Gegenwart zu tun hat. Für mich fängt das, was jetzt passiert, mit Stalingrad an. Mich interessiert viel mehr, über Stalingrad zu schreiben als über den Fall der Mauer, der nur eine Folge ist. Das, was so spektakulär aussieht, ist ja nur die Folge von Erosionen, Veränderungen und Umwälzungen, die unterirdisch stattgefunden haben. Man hat sie weniger gemerkt, aber sie waren viel stärker. An der Oberfläche ist kein dramatischer Stoff zu finden, da muß man schon ein Stück graben.

Graben nach den Anfängen der DDR, die ja wie die Bundesrepublik auf dem Nationalsozialismus aufgebaut wurde, die wie die Bundesrepublik mit den alten Nazis und dem neuen Antisemitismus umgehen mußte. Nur wurde dieser Teil der deutschen Vergangenheit in der DDR doch verschwiegen, verdrängt, negiert.

Naja, es ist nicht so einfach, glaube ich. Was jetzt in der öffentlichen Diskussion völlig wegfällt, ist doch, daß es seit 1917 einen Heiligen Krieg gegen die Sowjetunion gab, gegen dieses Experiment – und der ist jetzt gewonnen worden. Und es gab auch einen Heiligen Krieg gegen die DDR. Natürlich ist es eine Tragödie von Dummheit und Inkompetenz, die hier passiert ist, aber dieser Befestigungs-, dieser Sicherheitswahn der Funktionäre ist verständlich. All diese Menschen, die Partei-, die Regierungsspitze, sie kamen aus der Verbannung, und die haben Deutschland erlebt als ein feindliches Land und die deutsche Bevölkerung als eine feindliche Bevölkerung. Sie konnten damit gar nicht anders umgehen als mit diesem Sicherheitswahn. Das ist nicht nur komisch, das ist auch tragisch.

Sie bleiben aber bei Ihrer Beurteilung der DDR als Diktatur?

Daran habe ich nie einen Zweifel gehabt. Dieser Staat hat einfach mehr Produktivität freigesetzt, als er verwerten und gebrauchen konnte. Die Gründe, warum er es nicht konnte, sind verschieden: Dummheit, Angst, Dogmatismus. Aber dann kam der Umschlagpunkt, wo man diese Produktivität knebeln mußte oder glaubte, knebeln zu müssen, und dafür gingen Zweidrittel der Energie drauf. Andere wurden abgeschoben, abgedrängt in den Westen. Damit hat der LOHNDRÜCKER natürlich schon was zu tun: Es ist ein Krankheitsbild, die Geburt eines Staates, der schon krank ist bei der Geburt. Aber das habe ich nicht gewußt, als ich das Stück geschrieben habe.

Jetzt stehen sich also zwei kranke Staaten gegenüber. Früher waren Sie ein Grenzgänger, freuten sich beim Anblick der Frankfurter Bankenhochhäuser und bei der Lektüre der »FAZ« auf die Rückkehr in die DDR. Jetzt gibt's aber keine Grenzüberschreitung mehr.

Ich kann sehr gut auskommen mit dem, was jetzt ist. Diese Reibung war durchaus ein Motiv, da ich ja in einem Land lebte, in dem die Literatur sehr ernst genommen wurde. Aber diese Reibung brauche ich inzwischen nicht mehr. Ich kann mich selber motivieren und bin nicht mehr abhängig davon, daß jemand etwas gegen mich hat. Jetzt geht es einfach darum, in der Zeit, die mir noch bleibt, das zu schreiben, was ich schon lange schreiben will. Damit habe ich genug zu tun. Und das ist unabhängig von politischen Systemen und gesellschaftlichen Strukturen.

Wie erklären Sie sich, daß Christa Wolf, Ruth Berghaus und andere wegen ihrer Vergangenheit in den westlichen Medien arg kritisiert werden, Sie hingegen beinahe ungeschoren davonkommen, sieht man einmal ab von der »FAZ«-Rüge, Sie seien ein »Opportunist des Stasi-Staates«.

Weiß ich nicht. Außerdem habe ich über mich auch schon genügend gelesen, da kann ich mich nicht beschweren. Ich reagiere vielleicht anders darauf. Mein Lieblingssatz war immer der vom Stadelmaier in der »FAZ«. Er schrieb über mich: »Hand in Hand mit den sowjetischen Panzern.« Der Satz, das Bild ist voll gelungen.

Wenn man Sie jetzt aufforderte, Selbstkritik zu üben, was würden Sie sagen?

Wofür soll ich Selbstkritik üben?

Für Ihr Einverständnis mit diesem Staat. Niemand hat Sie gezwungen, im »Neuen Deutschland« zu schreiben.

Im »Neuen Deutschland« habe ich erst im letzten Jahr geschrieben. Da war das »Neue Deutschland« schon nicht mehr die Zeitung der alten Partei.

Was halten Sie von der allmählichen, rasch fortschreitenden Diskreditierung von Sozialismus und Kommunismus?

Das geht ja alles vorbei. Kommunismus ist kein Wort mehr, ist auch nicht mehr lokalisierbar. Aber was ungeheuer konkret da ist, ist der Konflikt, aus dem all das kam, zwischen Arm und Reich. Das ist das einzig revolutionäre Element, was jetzt sichtbar wird, nach dem Fall der Mauer. Man kann das durchaus auch ambivalent sehen. Wir merken ja überall jetzt, daß Mauern gebraucht werden. Mauern, um den Reichtum zu schützen vor der Flut der Armut.

Das ist eine neue Erkenntnis von mir: bisher habe ich immer traditionell gedacht, Revolutionen seien Beschleunigungsvehikel des Fortschritts. Aber wenn man sich die Revolutionen ansieht in diesem Jahrhundert, waren es eigentlich immer nur Bremsversuche, und das einzig revolutionäre Element, das steht ja schon bei Marx, ist das Kapital. Doch die zunehmende Beschleunigung hat kein anderes Ende als die Vernichtung. Revolutionen waren immer der Versuch, die Zeit aufzuhalten und Prozesse zu verlangsamen. Dieser letzte Versuch ist nun gescheitert und jetzt kommt die totale Beschleunigung aller Probleme. Es eskaliert. Und das ist gar nicht langweilig.

Fühlen Sie sich bestätigt in der Meinung, daß die Bundesrepublik nach der Wiedervereinigung eine Filiale der USA geworden ist, wie Sie in einem früheren Interview behaupteten?

Das würde ich nicht sagen, dazu sind die USA zu schwach, glaube ich. Außerdem habe ich das so nicht gesagt.

Darf ich zitieren: »Ohne die DDR als basisdemokratische Alternative zu der von der Deutschen Bank unterhaltenen Demokratie in der BRD, wird Europa eine Filiale der USA sein.« Das sagten Sie 1990.

Das war natürlich – ich gestehe es – ein bißchen taktisch. Das war ja kein poetischer Text, sondern ein journalistischer. Damals hatte ich noch, wie einige andere, die sehr schwache Hoffnung, daß die beiden Staaten nebeneinander existieren könnten und eine allmähliche Angleichung stattfinden würde. Das war die Illusion von Christa Wolf, Grass und anderen. Ich hielt es für gut, das zu sagen.

Das Volk hörte nicht mehr auf Sie, nicht mehr auf die zuvor Privilegierten.

Richtig.

Denken Sie heute, daß Sie vielleicht auf Ihre Privilegien hätten verzichten sollen?

Nein, das nicht. Das ist doch eine ganz simple Entscheidung: Die Privilegien waren eine wichtige Arbeitsbedingung. Mir ist nur wichtig, was ich schreibe und was von mir übrig bleibt. Meine Person ist da sekundär.

Also egoistisch für das Werk?

Ja. Ich hätte nicht so schreiben können ohne die Reisen in die USA und sonstwohin. Das war wichtiges Material für meine Arbeit. Es wäre hirnverbrannt gewesen, zu sagen, ich reise nicht dorthin, bevor nicht alle reisen können. Das kann man unmoralisch finden, aber es ist so! Natürlich war das auch eine Politik der Partei, die Intelligenz durch Privilegien unschädlich zu machen, indem man sie dadurch von der Bevölkerung entfernt. Das hat funktioniert. Und ich nehme niemandem seine Kritik daran übel.

Sie haben sich also – mit dem ganzen Zynismus der dahinter steckt – darauf eingelassen.

Ja. Das würde ich sagen. Aber was heißt Zynismus? Man kann es auch – wenn man von der Kunst ausgeht – als Moral bezeichnen. Doch ich kann es niemandem übelnehmen, wenn er das nicht akzeptiert. Vor allem jenen nicht, die nicht die gleichen Möglichkeiten hatten wie ich. Wenn diese Kritik allerdings vom Westen kommt, so ist sie ein bißchen fragwürdiger, denn die Bundesrepublik ist grundsätzlich ein Privileg.

Das Scheitern, das den Siegern bevorsteht
Presseerklärung, 11. 10. 1991

Es besteht ein staatliches Interesse an der Auflösung der Akademie, formuliert im Entwurf des Staatsvertrags. Ich denke, wir sollten dieses Angebot auf ein lautloses Verschwinden nicht annehmen. Zur Frage der Selbstauflösung: Wenn wir schon unter Kommunismus-Verdacht stehn, der Selbstmord ist keine kommunistische Alternative. Auch der Senat von Berlin, unser potentieller Prozeßgegner, kann an zu vielen weißen Flecken in unsrer kulturellen Landschaft nicht interessiert sein. Sie verwandeln sich schnell in Abgründe, aus denen Untotes wächst. Der Tod ist ein Master aus Deutschland, steht an der Wand eines ehemaligen Ausländerwohnheims gegenüber dem Haus, in dem ich wohne. Die Akademie hat ihren Platz in der zunehmend von Medien verblödeten Öffentlichkeit der ehemaligen DDR, einen Platz, den die Westberliner Akademie nicht besetzen kann. Und eine Funktion, auch für die neuen Bundesländer, soweit sie unsere Dienste in Anspruch nehmen wollen, in dem langwierigen Prozeß der Angleichung von Mentalitäten, die durch verschiedne Systeme geprägt sind. Eine Anekdote aus der ehemaligen Sowjetunion: ein Mönch, der Touristen durch ein Kloster führt, in dem auch Lenin unterrichtet wurde, auf die Frage eines Touristen, wie er sich als Christ im Sozialismus fühle: wenn der Kommunismus gesiegt hat, wird man unsere Erfahrungen brauchen. Die Akademie hat die Erfahrung des Scheiterns, die den Siegern bevorsteht. Aber, mit Brecht, der Denkende übersteht den Sturm in seiner kleinsten Größe, und noch einmal Brecht: wirklicher Fortschritt ist nicht Fortgeschrittensein, sondern Fortschreiten; was sich nicht wandelt, dauert nicht. Die Geschichte unsrer Akademie ist, das unterscheidet sie kaum von anderen Institutionen, eine Geschichte von Mut und Anpassung, Widerstand und Feigheit. Man sollte allerdings, beim Urteil über die ersten Jahrzehnte, nicht vergessen, daß die Emigranten vor Hitler in der Zeit des Kalten Kriegs Grund hatten, die Heraufkunft eines neuen Faschismus im Westen zu fürchten. In der Zeit des militärischen Gleichgewichts, der sogenannten Entspannung, schwand mit dem Glauben an das Programm der Widerstand gegen eine aus dem gleichen Grund der Glaubensschwäche zunehmend stupide Kulturpolitik, stieg der Grad der Anpassung, die ein Ausdruck der Resignation war. Der Angriff auf die Akademie macht sich an Personen fest, an Mitgliedern, die gewählt wurden, damit andere gewählt werden durften. Wir haben von Fall zu Fall unter Zwang gewählt. Jetzt sind wir dazu verurteilt, frei zu wählen. Ausgehend davon, daß der Kultursenator den Satz von Norbert Elias über die frühe Bundesrepublik kennt: der Bruch in den Institutionen ist wichtiger als der Bruch in den Biographien und in der Hoffnung, daß ein anderer Satz, geäußert auf einer Medienkonferenz vor einigen Wochen: es geht um die Zerschlagung des intellektuellen Potentials Ost, seine Intentionen nicht beschreibt, ist das mein Vorschlag: Alle Mitglieder der Akademie stellen ihre Mitgliedschaft zur Disposition und wählen ein Gremium von je fünf Mitgliedern jeder Sektion, das eine neue Akademie konstituiert, auch und vor allem durch Zuwahl von jungen Mitgliedern. Eine Akademie schon mit einem Altersdurchschnitt unter 50 wäre eine Sensation. Aufgabe dieser neuen Akademie sollte sein, den Riß zwischen Ost und West offenzuhalten, nicht zuletzt durch die Aufarbeitung der eignen Geschichte, nicht nur aus der Sicht von zwei Generationen, bis er geschlossen werden kann in der Auseinandersetzung um ein kommendes Europa der Differenzen. Wenn mein Vorschlag nicht angenommen wird, stehe ich als Präsident nicht mehr zur Verfügung.

Das war fast unvermeidlich
Ein Gespräch mit Stephan Speicher für »Der Tagesspiegel«, 9. 11. 1991

Der Riß durch Deutschland soll erhalten werden, haben Sie gesagt. Müßte man die Mauer wieder bauen?

Man soll nicht so tun, als ob da kein Riß ist. Diesen Riß muß man sich erst mal bewußtmachen und analysieren, was mit der Vereinigung nicht funktioniert. Es war lange eine Tendenz, im Bierrausch alles für geklärt zu halten. Nun merkt man, daß nichts geklärt ist. Mir fällt es selbst auf. Ich hatte heute morgen, als ich an dieses Gespräch zum 9. November dachte, fast einen Blackout: Was war denn am 9. November? Es ist merkwürdig, wie schnell Geschichte wegrutscht. Es gehört zu unserer Konditionierung, daß es nur Gegenwart gibt und keine Vergangenheit, deswegen auch keine Zukunft. Das sehe ich als Gefahr, ohne Herkunft gibt es keine Zukunft. Man schneidet die Vergangenheit ab und verdrängt sie.

Haben Sie jemals so in der Gegenwart gelebt wie heute?

Ich glaube nicht. In der Gegenwart leben ist bewußtlos leben.

Wenn Sie heute, zwei Jahre nach der Öffnung der Mauer, die 40 Jahre DDR betrachten: waren es 40 vergebliche Jahre?

Das würde ich nicht sagen. Nun kann ich das leicht sagen, weil ich nur die ersten 20 Jahre – vielleicht – unten verbracht, also in der relativen Tiefe gelebt habe und danach eher privilegiert. Daher ist es sicher auch eine privilegierte Optik, wenn ich jetzt darüber rede. Aber es ist eine lange Geschichte, und es fängt damit an: Die sowjetische Besatzung, noch vor Gründung der DDR, war eine Gegengewalt für mich. Nicht, daß ich das schön fand, aber es befriedigte ein Rachebedürfnis bei vielen, ganz primitiv. Meine Kindheit war sehr gedrückt und grau eingefärbt durch die Zeit des Nationalsozialismus. Das habe ich stark empfunden, und aus dieser Erfahrung kam ein Verlangen, sich zu identifizieren mit einer Gegengewalt. Mir war von Anfang an die Differenz zwischen der Phrase und der Realität klar, zwischen dem erklärten Programm und der Realpolitik. Ich kannte genug Geschichten, mein Vater war SPD-Funktionär. Er hatte gleich Schwierigkeiten mit den Sowjets. Ich war über alles informiert, was im Innern faul war, was nicht stimmte. Trotzdem hatte ich sogar dann noch, als mein Vater nach Westdeutschland ging, das war 1951, nicht den Wunsch oder auch nur den Gedanken, mitzugehen. Ich wollte hierbleiben. Ich kann es heute noch nicht genau begründen. Die andere Seite ist: Wenn ich nicht hätte ausreisen können, dann hätte ich es sicher schwerer und schwerer ausgehalten. Insofern ist es immer schieflagig, wenn man als Privilegierter DDR-Erfahrung beschreibt.

Reden wir mal einen Moment über den Elektriker bei Bergmann-Borsig, der im Braunkohle-Tagebau die Kraftwerke gewartet hat. Denken Sie, daß es für ihn 40 verlorene Jahre sind?

Die Grunderfahrung der Mehrheit der Bevölkerung war, daß man als Ostdeutscher den Krieg verloren hat, daß man ihn doppelt bezahlen mußte und auch doppelt bezahlen mußte für den Nationalsozialismus. Das war die Grunderfahrung und die Grundverbitterung – im Vergleich zu der Bundesrepublik, die immer ein offenes Schaufenster war, wo man sah, wie es einem auch gehen konnte als Deutscher. Das ist das, womit kein Staat, keine Partei, keine Regierung fertig werden konnte. Und das war auch tabuisiert. Das einzige Tabu für Gespräche mit Leuten wie Hager war die Reisefreiheit. Und seltsam, es kommt in fast keinem publizierten Text der DDR-Literatur vor, obwohl es das Problem war, was die Leute am meisten beschäftigte. Die beste Erklärung ist die katholische des Schriftstellers Graham Greene. Er war in Berlin und wurde gefragt, was bedeutet die Mauer für die Kommunisten? Er sagte, für die orthodoxen Kommunisten ist die Mauer dasselbe wie für Katholiken die unbefleckte Empfängnis.

DDR und Bundesrepublik rutschten rasch, innerhalb eines Jahres, zusammen. Hat es auch daran gelegen, daß es keinen zureichend scharfen Begriff von dem gab, was die DDR oder was Sozialismus noch hätte sein können?

Das war eine verständliche, liebenswerte, aber doch eine Illusion, daß aus der DDR noch etwas Alternatives gegenüber der Bundesrepublik hätte werden können, das war zu spät.

Jedermann hat den Eindruck, daß alles in der ehemaligen DDR auf die westliche Lösung hinausläuft.

Interessant ist wahrscheinlich nur, was die Folgen sein werden bei den 10- bis 16jährigen. Nach dem wenigen, was ich da mitkriege, hatten die Kinder ein sehr distanziertes Verhältnis zum Lehrstoff, auch zur Phrase Sozialismus und DDR, aber jetzt haben sie auch ein distanziertes Verhältnis zu dem, was diese neue Gesellschaft als Fassade vor sich her trägt. Die Kinder sind skeptischer und souveräner als die 30- bis 50jährigen. Die Alten sind nur apathisch und depressiv. Es ist natürlich ein ungeheurer Schnitt, wenn eine Rentnerin plötzlich angewiesen ist auf ihre Kinder und Enkel, um einen Platz im Altersheim bezahlen zu können. Die Alten hatten vorher wenig Rente, aber sie waren selbständig. Jetzt sind sie abhängig, das geht an die Würde, überhaupt, Geld geht an die Würde, und das erfahren sehr viele jetzt. Und da bin ich nicht so pessimistisch: Diese Bevölkerung macht in ihrer Mehrheit zum ersten Mal die Erfahrung der Armut. Ich meine Armut in dem Sinn, daß es Dinge gibt, die man nicht kaufen kann. Das produziert ein Aggressionspotential, aber auch die Fähigkeit, sich zu erinnern an etwas, das man mal für erstrebenswert und auch für erreichbar hielt, was natürlich hier nur karikiert wurde. Die Erinnerung daran, an die Möglichkeit, an den Traum von einer sozial gerechten Gesellschaft wird wieder hochkommen.

Spüren Sie schon Veränderungen der westdeutschen Gesellschaft?

Da könnte ich nur spekulieren. Im Moment sehe ich es nicht.

Welches ist Ihre große Erfahrung aus den letzten zwei Jahren?

Das ist die schwierigste Frage. Das Problem ist, ich habe in den letzten zwei Jahren nichts geschrieben, ich habe keine Zeit zum Schreiben gehabt. Ich lerne nur durch Schreiben, und sicher mache ich Erfahrungen, aber ich würde nicht sagen, daß sie neu sind. Die alte Erfahrung ist die einer Struktur oder einer Gesellschaft, in der Geld der oberste Wert ist. Das ist alt. Eine Beschreibung von Victor Schklovskij hat mir sehr gefallen. Er schreibt über den Film OKTOBER von Eisenstein den romantischen Satz: »OKTOBER beschreibt das endgültige Ende der Waren-Welt«. Das ist natürlich ein rührender Satz. Im Denken, im Bewußtsein war diese Welt zu Ende für mich. Jetzt ist sie da, und interessiert mich nicht, das ist das Problem.

Wir erleben jetzt den Untergang eines Staates. Was bedeutet das für die schriftstellerische Arbeit?

Ich glaube nicht, daß es ein Stoff ist. Ich werde eher alte Stoffe, die ich vorhatte zu verarbeiten, anders sehen. Jetzt nach diesem ungeheuren Umbruch gibt es keine Ideen, es wird nicht gedacht, keine Entwürfe. Diese spektakulären Ereignisse Mitte November waren nur so was wie Luftblasen. Es war eine Implosion, keine Explosion, ausgelöst von tektonischen Veränderungen, die lange vorher unterirdisch und fast unreflektiert stattgefunden haben. Mich interessiert nach wie vor Stalingrad als ein historischer Drehpunkt in Verbindung mit der Mauer und mit dem Fall der Mauer. Ich glaube nicht, daß man etwas sieht, wenn man im aktuellen Stoff bleibt, in der großen Aktualität sieht man nichts mehr.

Ist der Fall der Mauer die Liquidierung des Sieges von Stalingrad?

Ich weiß nicht, ob Stalingrad ein Sieg war. Ich meine, es war auch für die Sowjets kein Sieg. Das ist, was mich interessiert: Was ist ein Sieg, was ist eine Niederlage? Stalingrad war die zweite sowjetische Kesselschacht. Die erste war Kursk, soviel ich weiß. Wenn man es kurz beschreiben will, so hat der Kessel zwei Seiten, eine Außen- und eine Innenseite. Die motorisierten Verbände schneiden ein Segment aus dem Territorium, und vorher narkotisieren die Flugzeuge, das ist eine ganz chirurgische Sache. Und dann kommt die Infanterie und räumt auf, danach die Polizei oder was auch immer. Das wesentliche ist die Abgrenzung nach außen und die Zerstörung der Infrastruktur. Stalin war gegen die Kesselstrategie. Seine Vorstellung war, in der Bürgerkriegsstrategie auf breiter Front den Feind aus dem Land treiben. Dagegen hat Schukow sich durchgesetzt und hatte Erfolg. Danach gab es nur noch sowjetische Kesselschlachten. Das Ergebnis war – das ist nicht meine Idee, sondern eine geniale Einsicht von Bernd Böhmel: die sozialistischen Staaten oder sogenannten sozialistischen Staaten waren gefrorene Kessel: Abgrenzung nach außen und Zerstörung der Infrastruktur. Es war das Ende der Sowjetunion, Stalingrad.

Seit einiger Zeit kann man den Eindruck gewinnen, daß Militärisches, Soldatisches im Denken wieder nach vorne drängt, und keineswegs von Seiten alter Kommißköpfe, sondern auf zum Teil sehr hohem intellektuellen Niveau.

Ich beobachte es an mir. Es ist eine Illusion, anzunehmen, daß der Krieg vorbei ist. Vielleicht ist die Nachkriegsperiode vorbei, aber jetzt beginnt wieder mindestens eine Vorkriegsperiode. Die Mauer war ja auch ein Damm zwischen zwei Geschwindigkeiten. Der ist weg und es entsteht ein sehr gefährlicher Wirbel aus dem Ineinanderfließen der zwei Strömungen. Es ist ganz unkalkulierbar, was dabei herauskommt. Jetzt steht die Frage nach der Verteilung des Reichtums ganz nackt vor uns. Das ist der neue Krieg, der Krieg des dritten Jahrtausends und jetzt ohne ideologisches Kostüm. Man könnte sagen, der Kommunismus tritt nun nackt auf.

Die Ideologie des Kapitalismus ist ja ein Leben ohne Mauern. Jetzt könnte sich erweisen, daß die Durchsetzung dieses Prinzips dialektisch zu seinem Ruin beiträgt.

Ich glaube schon. Siege sind ja immer etwas Gefährliches. Der Zusammenbruch des Ostens ist vielleicht nur der Prolog zum Ende der Marktwirtschaft, zum Ende der Illusion von der marktwirtschaftlichen Lösung der Weltprobleme. Die Decke ist zu kurz, sie wird im Verhältnis zu den wachsenden Massen immer kleiner.

Bedeutet eigentlich das, was wir in den letzten Jahren erlebt haben, nicht auch eine tiefe, für jeden spürbare Krise des Fortschrittsgedankens, der uns doch eigentlich zweihundert Jahre lang beflügelt hat?

Ja, das ist richtig. Das ist vielleicht eine wirklich neue Erkenntnis aus den letzten zwei Jahren. Man muß wohl den Begriff Revolution ganz neu fassen. Ich glaube, es war in der Juli-Revolution in Frankreich, wo die Revolutionäre zuerst auf die Uhren schossen, um sie zum Stehen zu bringen. Revolution eben nicht als Lokomotive des Fortschritts wie bei Marx, sondern als Versuch, die Zeit anzuhalten oder die Geschwindigkeit zu verlangsamen, zu drosseln. Die totale Beschleunigung führt zur Vernichtung. Revolution als das Konservative, das Kapital als das Revolutionäre.

In unserer Lage jetzt kann man sich natürlich fragen, was denn jenseits dieser Marktwirtschaft oder des Kapitalismus, was ja wohl der richtigere Ausdruck ist, das DDR-Eigene war und auch sein könnte.

Das ist sehr überschätzt worden. Und ich bin gar nicht sicher, ob es richtig war, von zwei Systemen zu sprechen, ob der Osten nicht nur der schwache und kranke Teil des gleichen Systems war, der künstlich abgeschnürt worden ist, Staatskapitalismus ohne Kapital. Und das ist das Problem, das bei Marx formuliert ist, der Versuch, so etwas wie Sozialismus zu machen auf der Basis einer Mangelwirtschaft, endet in der alten Scheiße und so ist es passiert und das war fast unvermeidlich.

Drogenbekämpfung
Der Streit um die Berliner Akademien
»Frankfurter Allgemeine Zeitung«, 18. 2. 1992

Die Noblesse von Walter Jens, die sich in seinem Plädoyer und Engagement für die Vereinigung der Berliner Akademien ausdrückt, qualifiziert ihn zum Prügelknaben der Nation beziehungsweise des deutschen Feuilletons, soweit es sich als Volksmund begreift. Verständlich, daß der Versuch einer Vereinigung ohne Unterwerfung gerade in der verunsicherten Hauptstadt, die sich von dem Schock des Mauerfalls noch nicht erholt hat, der sie sehr plötzlich allen vier Winden aussetzt, einige Politiker veranlaßt, die Kettenhemden des Kalten Krieges wieder anzulegen. Wie sollten sie nicht erschrecken, wenn ihre Rhetorik beim Wort genommen wird. Verständlich auch, daß Schriftsteller wie Günter Kunert in den gemeinsamen Zug nicht einsteigen wollen, daß Künstler wie Baselitz, Lüpertz, Richter, Graubner vor der Anfahrt aussteigen. Kunert gehört vielleicht nicht zu den Opfern, aber doch zu den ersten Blessierten der DDR-Kulturpolitik. Bildende Künstler waren dem Stumpfsinn der Kunstwächter und der Verödung des optischen Umfelds in der DDR besonders unmittelbar ausgesetzt. (Das gilt nicht nur für die Emigrierten.) Ich bedaure, daß ich Kunert in der Akademie nicht mehr sehen werde und einige Künstler, deren Werk mir viel bedeutet, vielleicht nur noch in der PARIS BAR, die auf jeden Fall ein teurer Platz bleiben wird, auch mit höherem Lärmpegel, als die Akademie. Ich bin der vorletzte, der die Ostakademie für einen Tempel des Ruhmes hält (welche Akademie könnte das, über einen Zeitraum von vierzig Jahren, von sich behaupten). Ich bedaure, daß es mir nicht gelungen ist, zugleich mit der notwendigen Neuwahl, die von einigen

Mitgliedern nicht zu Unrecht als Säuberung verstanden wurde und auch Verluste gebracht hat, eine Verjüngung beziehungsweise Neuprofilierung durch Zuwahl von bisher Ausgegrenzten durchzusetzen. Diese Korrektur bleibt nun Sache der neuen Berliner Akademie. Nicht die Rettung der Institution war die Aufgabe, sondern die Aufhebung von Potenzen und Erfahrungen, die Bewahrung von Sachwerten in einer neuen gemeinsamen dritten Struktur, auch im Hinblick auf die kommende Vereinigung der Länder Berlin und Brandenburg, die neue Anforderungen stellen wird, denen eine Westberliner Akademie allein nicht gewachsen sein kann. Ein bisher zu wenig genutztes europäisches und internationales Profil bringen mit ihren ausländischen Mitgliedern beide Institutionen ein.

Die Vereinigung der Berliner Akademien ist keine Liebesheirat, sondern eine Vernunftehe, auch ein Akt der Drogenbekämpfung: ich rede von der altneuen Volksdroge Antikommunismus. Unsere Differenzen passen unter keinen Teppich, sie gehören auf den Tisch. Wir müssen sie im Dialog austragen, auch im Streit, nicht nur per Schlagabtausch im Feuilleton oder im beliebten Sparprogramm der Fernsehanstalten, der Talkshow, die sich von der Peepshow nur noch dadurch unterscheidet, daß sie die Intimsphäre nicht respektiert. Die neue Akademie wird kein Herrenklub sein, sondern eine streitbare kriegerische Akademie. Mit Brecht: Die Geschichte macht vielleicht einen reinen Tisch, aber sie scheut den leeren. Die Angst, daß in der vereinigten Akademie die Ostmitglieder »das Sagen« haben könnten, unterschätzt deren Bereitschaft, über die eigne Biografie neu nachzudenken, und über die Geschichte ihrer Institution, die eine Geschichte von kleinen Kompromissen, schwierigen Siegen und einer großen schmerzhaften Niederlage ist.

Zehn Deutsche sind dümmer als fünf
Gespräch mit Uwe Wittstock für »Neue Rundschau«
2/1992

Nach der weltpolitischen Wende von 1989 veröffentlichten Sie ein Gedicht mit dem Titel SELBSTKRITIK. Es lautet:

Meine Herausgeber wühlen in alten Texten
Manchmal wenn ich sie lese überläuft es mich kalt Das
Habe ich geschrieben IM BESITZ DER WAHRHEIT
Sechzig Jahre vor meinem mutmaßlichen Tod
Auf dem Bildschirm sehe ich meine Landsleute
Mit Händen und Füßen abstimmen gegen die Wahrheit
Die vor vierzig Jahren mein Besitz war
Welches Grab schützt mich vor meiner Jugend

Ist das als ein später Widerruf Ihrer frühen literarischen Arbeiten zu verstehen?

Das Gedicht ist viel früher entstanden, ich glaube, noch vor dem Fall der Mauer. Außerdem ist SELBSTKRITIK Teil eines Gedichtzyklus, der den Titel FERNSEHEN hat und dessen poetischer Movens das Phänomen des Fernsehens beim Zusammenbruch des Ostens ist.
Es gab den Plan, eine Werkausgabe meiner Stücke zu machen. Deshalb hat meine Sekretärin angefangen, alte Texte zu sichten, unübersehbare Stapel, viel Überflüssiges. Sie fand zum Beispiel den Text zu einem Lenin-Lied, das Paul Dessau vertont hat. Das ist der einzige poetische Text von mir, der je im »Neuen Deutschland« abgedruckt wurde. Das war, glaube ich, in den späten fünfziger Jahren. Über den Text war ich erschrocken, weil er völlig klischeehaft das Lenin-Bild der Partei reproduzierte. Es ist einfach ein schlechter Text. Entstanden ist er, nachdem Paul Dessau zu mir kam und mich bat, für

irgendein Lenin-Jubiläum einen Text zu schreiben, den er komponieren konnte. Der Text wurde so klischeehaft und so schlecht, weil ich keine andere Motivation hatte, ihn zu schreiben, als die, Dessau einen Gefallen zu tun. Dies war *ein* Anlaß für meine Selbstkritik, es gibt sicher noch ein paar andere.

Aber das hat nichts mit meinen Stücken zu tun. Keinen der Theatertexte, die ich geschrieben habe, muß ich zurücknehmen. Mir fiel das zum Beispiel bei meinem Stück LOHNDRÜCKER auf. Das ist ein schönes Paradox: Eine Rezension über die erste Aufführung von LOHNDRÜCKER, die 56/57 in Leipzig stattfand, erschien im »Spiegel«: Sie hatte den Titel »Stachanow kriegt Prügel« und den Untertitel »Sowjetzonaler Dramatiker gibt in Erstlingswerk zu, daß Mehrheit der Bevölkerung gegen Zonenregime«. Die DDR-Interpretation des Stückes war natürlich ganz anders und differenzierter – meine Interpretation der eigenen Arbeit übrigens auch. Als ich jetzt aber LOHNDRÜCKER selbst inszeniert habe, kurz vor dem Ende der DDR, konnte ich das Stück nur noch inszenieren von dem Standpunkt aus, den »Der Spiegel« schon 1957 eingenommen hatte. Denn in dem Stück steht, was »Der Spiegel« damals über es schrieb – nicht das, was ich bei der Niederschrift in ihm sah. Ich wollte das nicht schreiben. Ich habe gerade bei den frühen Stücken immer mehr geschrieben als ich wußte und anderes als ich wollte.

Also: Wenn in dem Gedicht SELBSTKRITIK steht, »IM BESITZ DER WAHRHEIT«, dann ist das ein Zitat, eine Floskel. Ich war im ideologischen Sinn nie im Besitz der Wahrheit. Ich habe mich aber gelegentlich verhalten wie jemand, der im Besitz der Wahrheit ist. Der Kernpunkt ist vielleicht: Opportunismus. Das hat zu tun mit der Theaterarbeit. Dramatiker sind immer in höherem Maß Opportunisten als Romanautoren oder Lyriker. Als Theaterautor ist man auf Gelegenheiten und Opportuni-

täten angewiesen. In diesem Punkt war ich so opportunistisch wie Shakespeare: Wenn er befürchten mußte, daß die Königin etwas Bestimmtes nicht sehen wollte, dann hat er eben etwas anderes gemacht. Trotzdem sind seine Stücke genial. Ich würde das nie moralisch betrachten. Ich mache mir auch keine Selbstvorwürfe.
Ein Gedicht wie SELBSTKRITIK entsteht immer aus einem bestimmten Moment heraus. SELBSTKRITIK entstand unter dem Eindruck der Fernsehbilder von der Massenflucht über die ungarische Grenze, kurz bevor dann die Mauer geöffnet wurde. In diesem Moment habe ich SELBSTKRITIK sicher ganz ernst gemeint. Aber schon ein paar Monate später, als ich das Gedicht wieder las, merkte ich, daß es inzwischen zu einer Maske geronnen war.
Das Problem ist das verantwortungslose, leichtfertige Verhältnis zur Politik. Oder besser: das Un-Verhältnis zur Politik. Ich bin kein politischer Schriftsteller. Günter Kunert erzählte einmal von einem Besuch bei Brecht. Er war bei ihm mit seinem ersten Gedichtband WEGSCHILDER UND MAUERINSCHRIFTEN, und Brecht sagte zu ihm: Kunert, schreiben Sie über das, was Sie kennen, was Sie selbst erlebt und erfahren haben. Er kenne nur einen politischen Dichter, und das sei Kuba (Kurt Barthel). Brecht selbst betrachtete sich also nicht als politischen Dichter. Das kann man auch gar nicht sein. Das geht nicht zusammen. Man kann sich schreibend zur Politik verhalten, aber man kann nicht politisch schreiben. Politik war für mich beim Schreiben immer nur Material – genauso wie Sexualität zum Beispiel.

Politik kann Teil der Literatur sein, aber Literatur ist nie Teil der Politik. Gut. Aber Ihre frühen Stücke beziehen sich deutlich spürbar auf ein marxistisches Weltbild. Dessen Glaubwürdigkeit hat inzwischen gelitten – nicht in erster Linie wegen der Liquidation des realen Sozialismus, sondern eher durch die Kritik der französischen

Strukturalisten, insbesondere durch die Foucaults. Diese Kritik am Marxismus ist Ihren späteren Stücken, zum Beispiel ZEMENT, nicht fremd. Müßten Sie nicht also Ihre frühen Stücke heute mit Skepsis betrachten?

Das glaube ich nicht. Es gab einen Versuch, Marx zu widerlegen. Der Initiator des Versuchs war Lenin. Dieser Versuch ist mit dem Ende der Sowjetunion gescheitert. Was an Marx interessant ist, ist die Analyse, nicht das Programm. Es lohnt sich jetzt wieder sehr, ihn zu lesen, vor allem die ökonomischen Schriften.
Zu ZEMENT : Für die »experimenta« 1990 in Frankfurt hat Peter Palitzsch versucht, einige Szenen der ZEMENT-Inszenierung zu rekonstruieren, die er in den siebziger Jahren gemacht hatte. Vor allem die erste Szene, in der der Soldat aus dem Bürgerkrieg in das verrottete Zementwerk zurückkehrt und mit einem resignierten Arbeiter über die Situation spricht. Als ich das wiedersah, erinnerte ich mich an die Diskussionen mit DDR-Funktionären über das Stück, die mir lange unverständlich geblieben waren. ZEMENT war in der DDR zunächst verboten. Ruth Berghaus hat die Ostberliner Uraufführung 1973 durchgesetzt. In Frankfurt dann verstand ich plötzlich die Einwände der Funktionäre. Die erste Szene beschrieb, in Bilder gefaßt, ziemlich genau den heutigen Zustand der DDR-Industrie und -Ökonomie. Die Funktionäre wußten besser Bescheid über die Aussichtslosigkeit ihres Programms als ich damals. Deshalb habe ich das in aller Unschuld geschrieben, es war für mich kein Beweis gegen das System. Die Funktionäre dagegen standen viel früher mit dem Rücken an der Wand. Während ich – und sicher auch andere – immer noch an die Möglichkeit glaubten, aus diesem verrotteten System wirklich etwas zu machen, hatten sie längst begriffen, daß es keine Zukunft hat.

Genau diese Einstellung wird manchen DDR-Schriftstellern heute gern zum Vorwurf gemacht.

Bedauerlich daran ist vor allem, daß die Texte dieser DDR-Autoren nie richtig gelesen wurden. Früher nicht und heute auch nicht. Aus verschiedenen Gründen: Früher wurden sie gelesen als Beweis, daß auch in der DDR ein paar intelligente Menschen begriffen haben, daß dieses System nicht funktioniert – also als dissidentische Texte. Heute werden sie als affirmative Texte denunziert. Beides sind sie nicht, weder das eine noch das andere. Sie sind einfach Beschreibungen von Zuständen. Die Texte sind nie konkret gelesen worden. Man hat immer nur Meinungen über die Texte gehabt, aber man hat sie nie gelesen.

Sie sagten einmal sinngemäß: Gelegentlich schreibt man Texte, die man verabscheut. Aber man wäre ein Verräter, wenn man Sie nicht schriebe. Welchen Ihrer Texte verabscheuen Sie heute?

Während des Schreibens zum Beispiel QUARTETT. Ein sehr böses, zynisches Stück. Man kann es auch als religiös bezeichnen. Die Einheit von Religiosität und Zynismus ist, glaube ich, das Wesentliche an diesem Stück.

Es überrascht mich, daß Sie dieses Stück nennen. QUARTETT ist eines der wenigen Stücke von Ihnen, in dem es nur am Rand um Geschichte geht.

Wenn der Begriff Geschichte irgendeinen Sinn hat, dann beschreibt er doch wohl die Struktur und die Zerstörung menschlicher Beziehungen. Insofern hat QUARTETT ein historisches Thema. QUARTETT ist vielleicht kein politisches, aber doch ein historisches Stück.

Viele Ihrer Stücke beschreiben die Revolution als zentrale, vielleicht sogar als die einzige Entwicklungskraft der Geschichte. Wenn sich nun herausstellt – Foucaults Kritik deutet in diese Richtung –, daß Revolutionen ein ungeeignetes Mittel zur Veränderung von Gesellschaften sind, geht es dann Ihren Stücken an den Kragen?

Das glaube ich nicht. Ich habe mich nie intensiv mit Foucault auseinandergesetzt. Auch Philosophie ist für mich immer nur Material gewesen. Ich habe mich für philosophische Fragen nie interessiert.
Was mich interessiert, ist Beschreibung von gesellschaftlichen Zuständen und vielleicht Gesang. Als Thema für den Gesang bietet sich natürlich eine Utopie an: So wie man sich eine Frau schöntrinkt, schreibt man sich eine Wirklichkeit schön. Dahin tendiere ich sicher gelegentlich. Aber auch wenn das die Intention war: Rausgekommen sind Stücke, die fast immer präzise Beschreibungen von sozialen Tatbeständen darstellen. Es sind konkrete Beschreibungen, die man so oder so interpretieren kann. Ich habe sie selbst, als ich sie schrieb, wahrscheinlich falsch interpretiert. Wenn ich sie heute lese, lese ich eine Diagnose: die Diagnose einer Krankheit, die fast ein Geburtsfehler war.
So kann man die Texte lesen. Das macht natürlich keiner, weil darüber ein ideologischer Schleier liegt, durch den kaum noch ein Kritiker-Blick durchdringt. Das dauert sicher noch zehn Jahre, dann kann man die Stücke wieder neu und unvoreingenommen lesen.

Da Sie sich als Dramatiker der Geschichte genähert haben, lag es nahe, die Revolution als Ausgangspunkt zu nehmen: den Zusammenstoß von großer Utopie und schlechter Realität. Evolutionäre politische Prozesse sind viel schwieriger zu dramatisieren. Aber blendeten Sie so nicht von Anfang an viele Möglichkeiten von Geschichte aus?

Man kann über Revolutionen natürlich sehr verschieden denken. Ich denke inzwischen anders über sie als früher. Die europäischen Revolutionen nach dem Modell der Französischen, oder nach dem Modell der Bauernkriege, das waren eigentlich Bremsversuche. Der poetische Satz von Marx, die Revolutionen seien die Lokomotiven der Geschichte, ist sicherlich falsch. Revolutionen sind eher Versuche, die Zeit anzuhalten, die Beschleunigung der Geschichte zu bremsen. Solche Versuche wird man heute wohl positiv bewerten: Die totale Beschleunigung führt zum Nullpunkt, in die Vernichtung. Diese revolutionären Bremsversuche waren etwas grundsätzlich anderes als das, was vor zwei Jahren in Deutschland geschah. Die DDR erlebt heute eine enorme Beschleunigung. Eine Beschleunigung, die Wirbel produziert, in denen ungeheuer viel untergeht — auch an menschlicher Substanz.
Aber im Grunde interessiert mich das immer nur am Rande. Wenn man schreibt, ist man angewiesen auf eine Grunderfahrung, von der man geprägt wurde. Meine Grunderfahrung war: Staat als Gewalt. Auf der einen Seite die faschistische Gewalt, auf der anderen die kommunistische – in Klammern: stalinistische – Gegengewalt. Mit der konnte ich mich identifizieren. Auch aus ganz subjektiven, autobiographischen Gründen. Das war für einen Dramatiker natürlich eine produktive Situation. Ich habe keine Angst, daß das jetzt aufhört. Ich bin ziemlich sicher, daß ich weiter sehr gut Stücke schreiben kann. Sobald ich Zeit habe. Das werden aber keine neuen Stücke sein, sondern die gleichen Stücke, die ich schon vor zehn oder fünfzehn Jahren schreiben wollte.

Sie haben vor zehn Jahren erzählt, daß Sie ein Stück mit dem Titel HERAKLES 13 *schreiben wollen.*

Nein, HERAKLES 13 muß ich nun nicht mehr schreiben. Der Stoff gibt heute bestenfalls noch einen Aphorismus her.

Das weist aber auf eine wichtige Frage hin: Welchen Stellenwert haben Kunst und Literatur jetzt unter den neuen Bedingungen? Der Entwurf zu HERAKLES 13, um dabei zu bleiben, lief auf Folgendes hinaus: Die Figur war während der Oktoberrevolution eine revolutionäre Ikone, auf Plakaten vernichtete Herakles die Hydra des Kapitalismus. Die Figur war brauchbar, also habe ich sie benutzt (in ZEMENT und HERAKLES 5). Dann kam ich Anfang der sechziger Jahre auf die Idee, daß man HERAKLES 13 schreiben könnte: Die dreizehnte Arbeit des Herakles ist die Befreiung Thebens von den Thebanern. Herakles sieht nur noch Feinde. Er sieht in jedem befreiten Thebaner einen Agenten der Hydra. Diese Masken werden immer realer für ihn, und er dreht durch. Dann kommen die Prozesse, die ja tatsächlich stattfanden. Diesen Entwurf jetzt auszuführen, wäre unsinnig, glaube ich. Die entsprechende historische Entwicklung ist inzwischen so klar, daß heute ein Satz darüber genügt. Wollte man daraus jetzt ein Stück machen, würde es zur Allegorie, zu einem Nachvollzug von Dingen, die längst auf dem Tisch liegen.
Dieser Vorgang gilt heute für sehr vieles. Das ist ein Problem. Diese Ermüdung, die man hat in der Literatur und der Kunst. Selbst der Kunstmarkt wird müde.

Führen Sie diese Ermüdung auf den Verlust oder die vorübergehende Entwertung der Utopie zurück?

Man muß genauer benennen, was diese Utopie in bezug auf Ästhetik, auf Literatur und Kunst bedeutete. Ich glaube, das hat Boris Groys in seinem Essay über Stalin gut beschrieben. Er nennt den Stalinismus ein Gesamtkunstwerk. Er beschreibt Stalin als den ersten und letztlich einzigen Künstler, der den Traum der Avantgarde realisiert. Ein Traum, den Ernst Jünger sehr schön beschrieben hat in seinem Essay DER ARBEITER. Er kam

damals zurück von einer Reise durch die Sowjetunion und war fasziniert von dem planetarischen Charakter der Fünfjahrespläne. Wenn beispielsweise ohne Rücksicht auf Menschen, Tiere und Material ein Malewitsch-Quadrat über eine riesige Landschaft gelegt wurde. Also die Übersetzung von Ästhetik in Politik.
Das ist auffällig: Sowohl Stalin als auch Hitler waren gescheiterte Künstler. Genies in der Politik sind tödlich. In der Politik braucht man mittelmäßige Figuren, mit denen kann man gut leben. Sobald da ein Genie auftaucht – und ich glaube, das waren sie beide –, wird es lebensgefährlich.
Die Ästhetisierung der Wirklichkeit war auch ein Hauptcharakterzug des Stalinismus. Natürlich umgesetzt von Leuten, die für Ästhetik kein Gefühl hatten und die meist unter dem Niveau der Beherrschten standen. Doch aus dieser Tendenz zur Ästhetisierung rührte wahrscheinlich die Faszination her, die vom Stalinismus für viele große Künstler und Literaten ausging. Es gibt ja kaum gute faschistische Literatur — ich kenne nur wenige Ausnahmen. Aber es gab sehr viel gute linke Literatur. Jetzt ist das politische Bezugsfeld weg, jetzt gibt es eine Leerstelle. Jetzt werden die Ikonen weggeräumt, jetzt sind die Kirchen leer. Bis jetzt hatten die Künstler und Schriftsteller doch eine Kirche als Auftraggeber, wenn auch als geheimen, oder gehaßten, oder als unwilligen, oder als feindlichen. Aber letztlich doch als Auftraggeber. Das war eine Folie, auf die man seine Arbeiten projizieren konnte. Von dort kam was zurück – und manchmal war das Echo tödlich. In der DDR war es nicht tödlich, da war es sanfter. Das ist jetzt weg. Jetzt ist da ein Vakuum.

Sie betrachten die Diktatur als Herausforderung für Künstler?

Besonders für Dramatiker. Die großen Zeiten des Dramas waren selten Zeiten der Demokratie. Es waren meist die Zeiten der Diktatur.

In den frühen Stücken haben Sie immer wieder extrem kontroverse Positionen miteinander konfrontiert. In Ihren poetologischen Äußerungen haben Sie oft die Formel benutzt »Sozialismus oder Barbarei«. Wurde damit nicht schon in der Exposition Ihrer Stücke eine Entscheidung getroffen, die dafür sorgte, daß unauffälligere, weniger kontroverse geschichtliche Entwicklungen keinen Eingang in die Stücke fanden?

Ein privater Irrtum von mir ändert nichts an der Stimmigkeit der Texte. In den Stücken ist ja notiert, daß der Sozialismus auch in barbarischer Gestalt auftritt. Das ist eigentlich ihr Grundthema. Wenn ich dann über die Stücke geredet habe, habe ich oft stark schematisiert. Das hatte oft auch taktische Gründe. Oder ich hinke mit meinen Gedanken hinter meinen Texten her, auch möglich. Ich habe mit meinen Kommentaren nie das Niveau meiner Stücke erreicht.

Der Kern ist natürlich die Haltung Genets: Die Freude über jeden Mißstand, über die gebrechliche Einrichtung der Welt – denn das ist ein Motiv zum Schreiben. In einer harmonischen Welt braucht man nicht zu schreiben. Kunst hat etwas Kannibalisches. Kunst verbraucht Menschen, Kunst zerstört Menschen. Kunst ist nicht unbedingt etwas Gutes oder Humanes. Vielleicht gibt es irgendwann einmal eine Gesellschaft, in der man Kunst nicht mehr braucht. Eine humane Gesellschaft. Aber im Moment braucht man sie noch. Ich brauche sie noch. Das Wozu ist eigentlich uninteressant. Wozu Kunst? Das ist nicht meine Frage.

Mich verblüfft Ihre Gewißheit, die geschichtlichen Vor-

gänge in Ihren Stücken immer richtig geschildert zu haben, auch wenn Sie sich persönlich vorübergehend politischen Illusionen hingaben.

Man muß ausgehen von der Trennung zwischen Text und Autor. Dante hatte ein katholisches Weltbild, mit dem wir heute nicht mehr viel anfangen können. Aber das ändert nichts am Realitätsgehalt der GÖTTLICHEN KOMÖDIE. Sie ist mittlerweile vielleicht zu einer elitären Lektüre geworden, weil sie Kenntnisse voraussetzt, die heute kaum noch vorausgesetzt werden können. Aber das ändert nichts an der Qualität der GÖTTLICHEN KOMÖDIE.
Ich fand T. S. Eliots These über Shakespeare sehr einleuchtend. Die Qualität der elisabethanischen Literatur beruhte darauf, meinte Eliot, daß die Elisabethaner keinen historischen Sinn hatten. Es habe kein Gefühl dafür gegeben, daß es davor etwas gegeben hat, und daß es danach etwas geben würde. Es gab die Gegenwart; und die war England. Alle Römer waren Engländer. Shakespeare konnte so viel über Rom mitteilen, weil er in dem historischen Irrtum befangen war, in den Römern lauter Engländer mit Toga zu sehen.

Wenn Sie sich auf Ihre politischen Überzeugungen nicht verlassen können, woran halten Sie sich dann beim Schreiben eines Geschichtsdramas?

Die Intentionen fürs Schreiben werden beim Schreiben verheizt. Dann entsteht etwas, was man nicht kennt. Oder jedenfalls etwas, an das man nicht gedacht hat. Vielleicht ist das ein neues Phänomen – ich glaub's nicht, es war wohl immer so. Adorno hat das für die Moderne so formuliert: Wir machen Dinge, von denen wir nicht wissen, was sie sind. Das gilt für jede Kunst. Wenn man es vorher weiß, kann man's lassen.

Was macht Sie so sicher, immer das Richtige über die jeweilige Zeit zu schreiben? Ist das Inspiration?

Was ich meine, ist ganz konkret. Man geht mit konkretem Material um: mit der Sprache. Die Sprache setzt sich letztlich durch gegen den Autor. Gegen die Intention des Autors.

Das klingt erstaunlich klassisch. Bei Schiller heißt es: »Die Schönheit der poetischen Darstellung ist ›freie Selbsthandlung der Natur in den Fesseln der Sprache‹.«

Sprechen ist ganz anders, viel flacher und situationsgebunden. Aber wenn man gezwungen ist, etwas aufzuschreiben, dann ist es immer wieder so, ich merke es am meisten, wenn ich essayistische Sachen schreibe: Da komme ich immer wieder an Punkte, an denen ich nicht mehr verstehe, was ich schreibe. Ich kann es nicht mehr denken. Ich weiß nur genau: Jetzt drängt sich dieses Wort auf. Das paßt in den Satz. Wenn ich es dann eine Woche später lese, stimmt es auch. Aber ich kann es nicht begründen. Das ist mit jeder Praxis so. Auch in der Politik.

Heißt das, Sie konnten nie einen Fehler machen?

Das glaube ich. Ja.

Natürlich nur in der Literatur, in Ihren Stücken?

Ja, natürlich. Ansonsten rede ich den größten Blödsinn. Ein schönes Beispiel dafür ist die Geschichte mit Wilhelm Girnus. Er war der Chefredakteur der Literaturzeitschrift »Sinn und Form.« Zuvor war er ein übler Kulturfunktionär. Als er die Zeitschrift kriegte, wurde er plötzlich ehrgeizig; als Chef von »Sinn und Form« fühlte er sich verpflichtet, liberaler zu werden. Er wurde plötzlich kühn. Also druckte er meinen PHILOKTET und danach auch meinen BAU. Dafür wurde er dann schwer gerügt von der Partei. Das war während des II. Plenums von 1965, als Wolf Biermann zum Hauptfeind der DDR erklärt wurde. Girnus organisierte nun, um seinen Job zu retten, ein Gespräch mit Werner Mittenzwei, Rudolf Münz und mir, das er dann in »Sinn und Form« veröffentlichte – gewissermaßen als Entschuldigung. Ich saß da als Angeklagter. Das Gespräch begann damit, daß mir Girnus vorher, außerhalb des Protokolls, sagte: Keine Sorge, die Abgrenzung von Biermann übernehme ich. Dann kam nach einer langen Suada der entscheidende Punkt: Ich sagte, PHILOKTET sei ein Stück aus der »Vorgeschichte« – es beschreibe also Probleme, die in der DDR nicht mehr existieren. Das ist natürlich Unsinn. Ich weiß aber nicht genau, ob mir das in diesem Moment klar war. Es bieten sich einem gelegentlich Notausgänge an, und die benutzt man dann. Man bringt sich dazu, zu glauben, daß es die richtigen Ausgänge sind. Natürlich ist das reiner Unsinn.

Jahre später fragte man mich in einem anderen Gespräch, in dem ich zuvor das Gegenteil über PHILOKTET gesagt hatte, ob ich damals bei Girnus gelogen habe – und ich antwortete: Ja. Aber auch das stimmt nicht ganz. Ich habe gelogen in bezug auf das Stück, aber ich habe damals die Lüge für eine mögliche Wahrheit gehalten. Doch all das hatte nichts mit dem Schreiben und dem Stück zu tun. Das Gespräch wurde rührenderweise ganz ernst genommen von den Germanisten. Sie hatten endlich einmal eine Aussage des Autors über sein Stück – also wurde das Stück auch eisern so interpretiert.

Nicht nur Germanisten neigen dazu, Autoren als Autoritäten hinzustellen.

Die Autorität ist der Text, nicht der Autor.

Der Glaube, ein Schriftsteller lüge nicht, ist recht naiv.

Nur wenn er schreibt, kann er nicht lügen.

Daß ein Stück nicht lügen kann, und daß sich der Autor darauf verläßt, ist mir allerdings neu.

Das ist wichtig. Einer der ersten Aufsätze über PHILOKTET bezeichnete das Stück als einen Text über den Stalinismus. Das war mir damals völlig neu. Heute sehe ich, es ist *auch* ein Stück über den Stalinismus. Aber ich habe nie daran gedacht während des Schreibens. Das ist das Problem. Der Text ist klüger als der Autor. Vor Jahren kam einmal ein Student von Walter Jens zu mir. Er wollte eine Dissertation über PHILOKTET schreiben. Er setzte sich und zog ein paar Zettel aus der Socke. Ich wunderte mich, warum er sie in der Socke trug. Es war die Angst vor dem DDR-Zoll — damals vielleicht berechtigt. Er hatte die Zettel in der Socke, weil er mich fragen wollte, ob PHILOKTET ein Schlüsselstück über Trotzkij sei. Ich verstand überhaupt nicht, wovon er redete. Dann sagte er: Das ist doch ganz offensichtlich. In dem Stück heißt es, Philoktets Insel sei aus rotem Stein. Und die Insel vor der türkischen Küste, auf die Trotzkij zuerst floh, war aus rotem Kalkstein. Damit war für ihn klar: PHILOKTET ist ein Trotzkij-Stück. Doch ich wußte damals überhaupt nicht, wie Trotzkijs erstes Exil aussah. Wenn ich beim Schreiben daran gedacht hätte, hätte ich vielleicht ein anderes Stück geschrieben.
Es ist ein anderes Wissen, es ist wie eine Erfahrung, aus der heraus man schreibt. Erfahrungen sind blind. Man kann eine Erfahrung nur machen, wenn man sie nicht auf einen Begriff bringt.

Man macht eine Erfahrung nur, wenn man das Erlebte nicht gleich zum Urteil verwandelt?

Ja. Das ist das ewige Mißverständnis gegenüber Literatur und Kunst: Sie behandeln Erfahrenes, nicht Begriffenes.

Verstehe ich Sie richtig? Es geht Ihnen in Ihren Stücken nicht darum, historische Figuren vorzuführen. Sie nehmen vielmehr historische Figuren als Projektionsflächen, um auf ihnen bestimmte Geschichtskräfte abzubilden. Diese Kräfte sind Teil Ihrer Erfahrung, und Sie können sie – zum Beispiel in der Dreierkonstellation von PHILOKTET – frei aufeinander reagieren lassen ohne direkten Bezug auf die politische Realität. Sie lassen Ihren Figuren ihr eigenes Leben und vertrauen sich beim Schreiben dem entstehenden Spiel der Aktionen und Reaktionen an?

Aber schon der erste Satz ist falsch. Ich habe keine historischen Figuren als Projektionsflächen genommen. Ich habe diese historischen Figuren überhaupt nicht gesehen, als ich schrieb.

Gut. Es ist Ihnen also gleichgültig, ob sich die Positionen, die Sie auf die Bühne bringen, durch historische Figuren personifizieren lassen. Ist das Verfahren ansonsten richtig beschrieben?

Ja. Es ist aber kein Entschluß. Es gibt da keine Begrenzung. Wenn ich ein Stück schreibe, dann gibt es nur einen Raum. Die Grenzen des Raumes kenne ich nicht. Ich kenne nicht die Welt. Da sind Figuren in einem Raum. Dann achte ich darauf, wie groß die Entfernung der Figuren zueinander ist, in einem Raum, dessen Begrenzung oder Ausdehnung ich nicht kenne. Und dann betrachte ich, wie sich die Beziehungen der Figuren in dem mir unbekannten Raum verändern. Das ist fast Geometrie. Das ist eine schöne Formel – die leider nicht von mir ist. Sie ist von dem Bühnenbildner, mit dem ich MACBETH und AUFTRAG an der Volksbühne gemacht habe. Der sagte einmal, bei der Arbeit am Theater gehe es um das Verhältnis von Angst und Geometrie. Das ist eine gute Formel. Geometrie ist das, was man sieht. Die Beziehung der Figuren zueinander im Raum – aber man hat Angst, an die Grenzen dieses Raums zu kommen. Darum geht es eigentlich.

Aber welche Figuren – und damit politischen Haltungen – Sie auf die Bühne stellen, ist doch Ihre Entscheidung. Kann da nicht im Frühstadium des Schreibens etwas falsch laufen?

Das glaube ich nicht. Das ist eine willkürliche Entscheidung. Und Willkür ist nie falsch, wenn man begabt ist. Das ist eine blinde Entscheidung.

Es drängen sich Ihnen also immer die richtigen Figuren auf?

Ja. Es gibt einen schönen Satz von Novalis über WILHELM MEISTER: Bei ernstzunehmenden Autoren gibt es einen Moment, in dem Willkür Genie wird. Die erste Entscheidung auf dem Papier ist immer willkürlich. Sie rechtfertigt sich durch das, was aus ihr entsteht.
Ich habe ein paarmal versucht, bewußt opportunistische Texte zu schreiben. Es ist immer schiefgegangen. Eine Bemerkung von Brecht über SEZUAN fand ich in diesem Zusammenhang immer sehr gut. Die Bemerkung betraf Brechts eigenes Mißtrauen gegen dieses Stück, das für mich eines seiner langweiligsten ist. Er sagte über SEZUAN: Dem Ausgerechneten entspricht das Niedliche. Also: Was ganz und gar kalkuliert ist, wird Kunstgewerbe.

Noch einmal gefragt: Wendet sich ein Geschichtsdramatiker beim Schreiben nicht instinktiv revolutionären Ereignissen zu, weil die auf der Bühne einfach besser, sprich: dramatischer wirken? Kann er so nicht in Gefahr geraten, evolutionäre Entwicklungen zu übersehen, obwohl sie für die Geschichte sehr produktiv sind?

Das zielt auf Dürrenmatts Satz über Brecht: Brecht denkt unerbittlich, weil er an vieles unerbittlich nicht denkt. Das ist vielleicht richtig, aber man schreibt auch, was man nicht denkt. Und wenn es mit den Pausen ist. Das Wichtigste an LOHNDRÜCKER zum Beispiel sind die Pausen. Das ist mir erst aufgefallen, als ich es inszenieren mußte. Immer wenn im Stück – wie man im DDR-Volksmund sagte – »der Russe im Busch« ist, dann kommt in dem Stück eine Pause. Die Besatzung, die Kolonialmacht, das ist die Leerstelle. Immer wenn im Text »Schweigen« steht, oder »Pause«, dann ist der Russe im Busch. Die Leerstelle ist ein konstitutives Element von Drama. Der Text deckt nicht alles ab. Da gibt es immer wieder Lücken, die wichtige Hinweise sind.

Sie sagen häufig, die Menschen lernen nur durch Schock. Auch das Theater müsse deshalb mit Schocks arbeiten, um das Publikum zu erreichen. Wie sehen Sie das heute? Sprechen die Erfahrungen seit 1989 nicht dafür, daß Menschen unter schockierenden Bedingungen, während großer politischer Umbrüche besonders schlecht lernen? Neigen sie dann nicht dazu, auf scheinbar Bewährtes zurückzugreifen? Ist das eine mögliche Kritik an Ihren Stücken?

Dahinter steht ein ganz primitiver Gedanke: Ein Kind lernt Feuer zu fürchten, indem es sich die Finger verbrennt. So primitiv stimmt das auf jeden Fall. Inwieweit das auch in größeren Zusammenhängen gilt, ist natürlich offen. Vielleicht dauert das Lernen in gesellschaftlichen

Ausmaßen nur länger. Zunächst einmal steht das Kind wohl heulend und gelähmt da. Aber beim dritten Mal weiß es, worum es geht. Kollektive brauchen länger, einzelne lernen schneller. Kollektive sind dümmer als einzelne. Das ist das Phänomen, das man jetzt erlebt: Zehn Deutsche sind dümmer als fünf. Das ist ganz logisch. Sie brauchen länger, um zu kommunizieren, um ihre Erfahrungen zu verallgemeinern und daraus eine gemeinsame Erfahrung zu machen.

Das gilt aber für Iren oder Isländer genauso.

Das gilt für alle. Insofern stimmt der Satz, daß der Schock die Lernbereitschaft der Menschen vergrößert, wohl doch. Die DDR-Bevölkerung konnte in der Vergangenheit durch das Fernsehen ganz abstrakt alles über den Kapitalismus lernen. Aber sie glaubte es nicht. Denn es gibt eine Differenz zwischen den Bildern und der Erfahrung. In diesen Zwischenraum fallen die Leute jetzt. Das ist ein Schock und sicher eine Lehre. Dieser Schock produziert jetzt auch diese Gewaltausbrüche.
Das Fernsehen war das große Politikum der DDR. Die DDR war verloren, als erlaubt wurde, daß die Leute fernsehen. In Albanien gab es lange kein Fernsehen. Dann kam das italienische Fernsehen. Danach war es mit dem albanischen Staat vorbei.

In verunsichernden Situationen neigen Menschen, psychologisch betrachtet, in aller Regel nicht dazu, reifer zu werden. Im Gegenteil: Sie regredieren, sie greifen auf archaische Verhaltensweisen und frühe Prägungen zurück. In historischen Katastrophenzeiten, während Revolutionen oder nach verlorenen Kriegen reagieren Leute auf die plötzliche Veränderung ihrer Lebensumstände doch wohl eher mit Gewalt oder mit Regression und nicht mit größerer Lernbereitschaft?

Man darf das nicht in so kurzen Zeiträumen sehen. Dann kriegt man das nie in den Blick. Was Sie sagen, ist das, was man im Zeitraum einer Generation sieht. Das ist richtig. Aber es ist viel interessanter, die Zukunftsstruktur einer Gesellschaft zu betrachten. Mich interessiert als Vergleich immer der Trojanische Krieg. (Das Trojanische Pferd, das war in diesem Fall das Fernsehen.) Die Griechen erobern, zerstören Troja. Es überlebt Aeneas. Der kommt über Nordafrika nach Italien. Er gründet dort Rom. Rom erobert Griechenland, löst Griechenland ab. Das sind Umwege der Geschichte. – Oder: Der Überfall der deutschen Wehrmacht auf die Sowjetunion hatte die Intention, »Lebensraum« zu erobern und Rohstoffquellen zu sichern. Das Ergebnis war die Bundesrepublik – also die Gesundschrumpfung des deutschen Territoriums auf den industriell potenten Kern. Diese Bundesrepublik gewinnt nun wieder eine wirtschaftliche Überlegenheit über die Sowjetunion. Solche Umwege der Geschichte erkennt nur, wer in großen Zeiträumen denkt.

Kann man denn, wenn man in solchen großen Zeiträumen denkt, evolutionäre Entwicklungen noch von revolutionären unterscheiden?

Das sind vielleicht auch überschätzte Unterschiede. Sicher kann eine evolutionäre Entwicklung viel mehr umwälzen als eine Revolution.

Aber sie eignet sich nicht so gut fürs Theater?

Dann muß das Theater seine Mittel überprüfen. Das ist eine wichtige Frage, die ich mir auch gelegentlich stelle. Um auf den Anfang unseres Gesprächs zurückzukommen: Hier ist vielleicht eine wirkliche Selbstkritik nötig. Es gibt den Vorwurf von Faust an Mephisto: Du grinsest gelassen über das Schicksal von Tausenden hin. Das ist eine Haltung, von der ich mich nicht freisprechen kann. Die ist gewachsen in den zwei Diktaturen, die ich erlebt habe. Man war einem Erfahrungsdruck ausgesetzt, der einen dazu bringt, sich eine besonders intakte Rüstung anzulegen – gegen das Schicksal von Tausenden, aber auch von Einzelnen. Man entwickelt einen Zynismus gegenüber der menschlichen Existenz. Deshalb finde ich Ihre Frage wichtig. Die einzige Antwort darauf ist keine: Man kann als Künstler nur eine Moral haben, nämlich die, seine Arbeit so gut zu machen, wie man kann. Denn was ich mache, kann nur *ich* machen. Also muß ich es so gut wie möglich machen.

Die Küste der Barbaren
»Frankfurter Rundschau«, 25. 9. 1992

Ein Jugoslawe erzählt mir: am Wochenende fahren die Männer in Belgrad zum Schießen nach Bosnien. Ich erzähle das einem Deutschen jüdischer Herkunft. Er sagt: das hat ein Kroate erzählt. Er hat recht: der Erzähler versteht sich, seit dem Serbischen Krieg, als Kroate. Godards Film WEEKEND sah ich zum ersten Mal vor zwei Jahrzehnten, zusammen mit fünf andern Zuschauern, vier von ihnen Amerikaner unter Dreißig, in einem sonst leeren Kino in Paris. Der Jugoslawische Krieg hat mehr Zuschauer, Rostock war ein Medienfest. Ein Dokumentarfilm über Skinheads in Halle beginnt mit einer Sequenz, wo ein Junge in Bomberjacke und Springerstiefeln professionell und liebevoll nach dem Kochbuch vor der Kamera und für das Filmteam einen Napfkuchen bäckt. Sein Berufstraum war Bäcker und Konditor, und seine Chance auf eine Lehrstelle liegt im nächsten Jahrhundert. Nach dem Backen geht er uniformiert auf die Straße in der Neubauwüste Halle-Neustadt, (der Städtebauer Ulbricht war stolz auf die längsten Langzeilen der Welt in diesem Viertel und in andern Neubauvierteln, mit denen er, laut Auskunft seiner Witwe an den Architekten Henselmann während einer Mittelmeerrundfahrt mit dem Veteranen-Dampfer VÖLKERFREUNDSCHAFT dem deutschen Arbeiter das Flanieren beigebracht hat), und verwandelt sich im Kollektiv der andern Arbeitslosen in ein Monster. In der Wohnung weint seine Mutter, ehemalige Lehrerin mit ehemaligem Glauben an die sozialistische Menschengemeinschaft DDR, jetzt Lohnsklavin für Neckermann irgendwo westlich der Elbe mit fünf Stunden Anfahrtsweg zur Arbeit und zurück, damit der Sohn »von der Straße bleibt«. Der Regisseur des

Films heißt Thomas Heise und ist ein Sohn des wahrscheinlich einzigen DDR-Philosophen, der es nicht verdient hat, in der aktuellen Inszenierung des Vergessens zu versinken, im Gegensatz zu seinem Hauptfeind Manfred Buhr, der gerade in der »Zeit« aus der Schlammflut seiner Pamphlete als Ironiker auftaucht. Vor drei Jahren in Paris während einer Konferenz über Brecht und Carl Schmitt am Beispiel der MASSNAHME traf ich Günter Maschke, der nach seiner kubanischen Erfahrung und Enttäuschung den Sprung von links nach rechts gewagt hatte, der nach dieser Erfahrung wohl ein Wagnis nicht mehr war, eher ein Rückwärtssalto in die bequeme Sklavenhalterweisheit Gottfried Benns, daß die Ausbeutung ein Phänomen des Lebendigen ist. Zu Maschkes Verdiensten gehört die Herausgabe der Schriften von Donoso Cortès, der 1848 in Berlin als spanischer Diplomat und Beobachter des gescheiterten deutschen Versuchs, durch den Nachvollzug einer bürgerlichen Revolution den Anschluß an Europa zu gewinnen, (dessen Resultat der nationale Kompromiß zwischen Bourgeoisie und Junkerkaste war, die deutsche Militärmaschine), das Bewegungsgesetz der deutschen Geschichte entdeckt hat, die versetzte Kausalität. Maschke sagte mir, aus der DDR-Revolution kann nichts werden, weil keine Leichen die Elbe hinabgeschwommen sind, von Dresden nach Hamburg. Ich habe lange gebraucht, um zu verstehn, warum Brecht die Bauernkriege für das größte Unglück der deutschen Geschichte hielt. Sie kamen zur Unzeit, mit ihnen wurde der Reformation gut protestantisch der Reißzahn gezogen. Auch die Gewaltfreiheit der DDR-»Revolution« 1989, gesteuert und gebremst von (protestantischer) Kirche und Staatssicherheit, war ein deutsches Verhängnis. Jetzt steht der Sumpf: die Unsäglichkeit der Stasidebatten, Versuch, die Kolonisierten durch die Suggestion einer Kollektivschuld niederzuhalten. Der versäumte Angriff auf die Intershops mündet in den Kotau vor der Ware. Von der Heldenstadt Leipzig zum Terror von Rostock. Die Narben schrein nach Wunden: das unterdrückte Gewaltpotential, keine Revolution/Emanzipation ohne Gewalt gegen die Unterdrücker, bricht sich Bahn im Angriff auf die Schwächeren: Asylanten und (arme) Ausländer, der Armen gegen die Ärmsten, keinem Immobilienhai, gleich welcher Nation, wird ein Haar gekrümmt. Die Reaktion auf den Wirtschaftskrieg gegen das Wohnrecht ist der Krieg gegen die Wohnungslosen. Eine Fahrt durch Mecklenburg: an jeder Tankstelle die Siegesbanner der Ölkonzerne, in jedem Dorf statt der gewohnten Schreibwaren Mc Paper & Co. Im Meer der Überfremdung ist Deutschsein die letzte Illusion von Identität, die letzte Insel. Aber was ist das: deutsch. Antwort eines Skinhead auf die Frage, warum bist du stolz, ein Deutscher zu sein: wir sind das Volk der Dichter und Denker. — Zum Beispiel? — Brecht und Einstein. In der DDR war die Jugend zu gleichen Teilen reglementiert und hofiert. Nach der Zerstörung einer Infrastruktur, die wesentlich auf ihre Beruhigung ausgerichtet war, übergangslos in die Freiheit des Marktes entlassen, der sie mehrheitlich ausspuckt, weil er nur an Gegenwart und nicht an Zukunft interessiert sein kann, ist sie jetzt auf die Wildbahn verwiesen. Die »Randalierer« von Rostock und anderen Orten sind die Sturmabteilung der Demokratie, die seit ihrer Erfindung im Athen der Sklaverei immer nur als Oligarchie real existiert hat, die radikalen Verteidiger der Festung Europa, gerade weil ihnen auf kurze oder lange Sicht nur der Dienstboteneingang offensteht. Daß die hilflosen Asylgesetzdebatten der Politik nur, im Sinn der Karl-Kraus-Definition von Sozialdemokratie, um eine Hühneraugenoperation an einem Krebskranken kreisen, ist eine Binsenweisheit. »Das Boot ist voll« oder wird es so oder so bald sein und auf der Tagesordnung steht der Krieg um Schwimmwesten und Plätze in den Rettungsbooten, von denen niemand weiß, wo sie noch landen können, außer an kannibalischen Küsten. Mit der Frage, wie man diese Lage seinem Kind erklärt, ist jeder allein. Und vielleicht ist diese Einsamkeit eine Hoffnung.

Ich war und bin ein Stück DDR-Geschichte
»Spiegel-TV«, 10. 1. 1993

Ich war und bin ein Stück DDR-Geschichte, und ich glaube schon, es geht um die Auslöschung von DDR-Geschichte, und da ist das ein guter Schritt, so eine Aktion, so eine Denunziation. Und es ist ganz schwer in dieser giftgeschwollenen Atmosphäre, überhaupt vernünftig darüber zu reden. Der Hauptpunkt ist, ich hatte natürlich, das ist unvermeidlich in einer Position, wie ich sie hatte, Kontakte mit der Staatssicherheit. Ich weiß nicht, mit wie vielen hundert Mitarbeitern ich gesprochen habe, ohne zu wissen, daß sie Mitarbeiter der Staatssicherheit waren. In jeder Theaterkantine saß da einer, mindestens einer, und es gab auch direkte Gespräche. Ich wußte, ich rede nicht mit der Heilsarmee. Ich mußte immer wissen, was ich sage und was ich sagen kann. Und ich mußte auch immer wissen, wann ich lügen muß. Das gehört zu solchen Gesprächen. Und ich habe versucht, zu beraten und Einfluß zu nehmen auf Dinge, weil, es war von einem bestimmten Zeitpunkt ab nicht mehr möglich, mit Parteifunktionären vernünftig zu reden, gerade in den letzten Jahren. Und da war es möglich, mit Stasi-Offizieren vernünftig zu reden, weil die mehr Informationen hatten und mehr wußten über die wirkliche Lage als ein Parteifunktionär, der seinen Nachtschlaf nur noch zustande brachte, indem er sich Illusionen machte über die Realität. Das war die Situation. Ich habe da überhaupt nie ein moralisches Problem drin gesehen, sehe ich auch heute nicht. Man wußte, man sprach mit Paranoikern, das war ganz klar. Mich hatte natürlich auch interessiert dieses Wahnsystem, mich hat dies auch interessiert als Autor, dieses Material. Wie funktionieren solche Gehirne und solche Apparate? Das, will ich zugeben, war auch eine Neugier. Ein anderer Punkt war sicher, ich hatte nie eine staatliche Funktion in der DDR wie zum Beispiel Hermann Kant, der natürlich über seine staatliche Funktion immer Kontakt haben mußte. Das war ganz selbstverständlich. Ich war auch nie Leiter eines Theaters, die das auch haben mußten. Und ich war nicht in der Partei. Ich war seit '61 nicht mehr im Schriftstellerverband, ich war also über keine Organisation kontrollierbar. Deswegen gab es das Interesse, mich auf so eine Weise zu kontrollieren. Das war mir auch bewußt. Aber ich war, glaube ich, damals schon erwachsen. Ich wußte wirklich, wie ich rede und wie ich mit denen rede. Das lief im allgemeinen so ab, der sagt, also wir haben jetzt hier diesen Fall. Was halten Sie davon? Was sollen wir tun? Was können wir tun? Das war das eine. Dann ging es um, auch natürlich, um Theater, und es ging sogar um Literatur manchmal. Eine Aufgabe dieser mit Kultur befaßten Offiziere war ja auch, den Funktionären Texte zu interpretieren, die nicht lesen konnten. Die Kulturfunktionäre kamen meistens aus irgendeinem Handwerk, der letzte Kulturminister war Konditor, glaube ich, von Beruf. Und die brauchten gebildete Leute, die ihnen sagen, was steht in diesem Text. Ich habe keinen Orden bekommen, außer dem Nationalpreis. Der wurde nicht von der Staatssicherheit verliehen. Und vorher war ich mal, ich glaube, Aktivist. Und das war in jedem Betrieb normal, wenn man 5 Jahre da war, kriegte man irgendeinen Aktivistenorden oder so was; das war im Theater.

Also ich habe weder Orden bekommen, noch irgendwelches Geld. Das ist alles lächerlich. Und da waren die auch viel zu intelligent, um sowas überhaupt für möglich zu halten und denen war auch klar, daß ich nicht ihr Freund oder Alliierter war, sondern ich war ein potentieller Feind, und das war das Interesse, diesen potentiellen Feind irgendwie unter Kontrolle zu halten. Ich hatte nie das Gefühl, daß ich was zu verbergen habe. Ich kann zu allem stehen, was ich gesagt und gemacht habe, ich kann zu nichts stehen, was in irgendwelchen Akten steht, solange ich es nicht kenne.

Die Hysterie der Macht
Presseerklärung, 14. 1. 1993

Aus Karteikarten der Gauck-Behörde erfahre ich, daß ich von der Staatssicherheit als IM geführt wurde. Laut Auskunft der Gauck-Behörde sind Akten über meine Person oder meine Arbeit nicht auffindbar. Dieter Schulze hat einerseits laut dpa »sechs Monate Arbeit und viel Geld« in diese Entlarvungsaktion investiert und beruft sich andererseits auf einen »anonymen Anruf«. Vielleicht sind Akten im Handel. Man würde den Apparat der Staatssicherheit unterschätzen, wenn man annimmt, daß zum Beispiel über Aufführungen meiner Stücke in der DDR, von Verbot bis Duldung, »operative Vorgangsakten« nicht existieren.
Ich kann versichern und beeiden, daß ich im Zusammenhang mit der Staatssicherheit kein Papier unterschrieben und kein Wort schriftlich formuliert habe. Ich war naiv genug, nicht zu wissen, daß Gespräche mit Mitarbeitern der Staatssicherheit als »IM-Tätigkeit« registriert wurden. Schon der Begriff »IM« war mir und meinen Freunden in der DDR-Zeit unbekannt. Was in mir unbekannten Akten steht oder stehen kann, ist Stasiliteratur.
Ich hielt den Staat, in dem ich lebte, seit Gorbatschow für reformierbar. Nach der Verweigerung des Gorbatschow-Programms durch die Parteiführung der DDR ging es im Blick auf den Untergang der DDR in meinen Gesprächen mit der Staatssicherheit um Schadensbegrenzung gegen die wachsende Hysterie der Macht.
Ich beginne zu begreifen, daß es die wirklich geheime Funktion der Staatssicherheit war, dem Nachfolgestaat Material gegen potentielle Staatsfeinde zu überliefern: Der Rechtsstaat als Vollstrecker des Stasi-Auftrags.
Gegen die gesamtdeutsche Sicht auf DDR-Geschichte

gilt der Satz: Die Wahrheit und die Wirklichkeit sind zwei Dinge. Daß ich gelegentlich vergessen habe, daß ich nicht nur mit Menschen rede, sondern mit einem Apparat, kann ich nicht ausschließen. 1975, unter einer Brücke in San Diego, las mir eine alte Indianerin aus der Hand, daß ich im Umgang mit Maschinen zur Leichtfertigkeit neige. Ich hätte auf sie hören sollen.
Im übrigen bin ich es gewohnt, mit Verleumdung und Verfolgung zu leben, im »Neuen Deutschland« gestern, heute in der »Zeit«.

Erklärung
Stellungnahme zum Abdruck von Ernst Jüngers Tagebüchern in der Akademie-Zeitschrift »Sinn und Form«, Frankfurter Rundschau, 13. 2. 1993

Angesichts der Veröffentlichung von Tagebuchaufzeichnungen Ernst Jüngers aus dem Jahre 1992 droht Walter Jens, der Präsident der Akademie der Künste Berlin, Sitz Berlin-Tiergarten, der von der Akademie der Künste zu Berlin, Sitz Berlin-Mitte, herausgegebenen Zeitschrift »Sinn und Form« »Folgen« an. Nach der anstehenden Bildung einer gemeinsamen Akademie der Künste Berlin-Brandenburg werde er laut dpa »einen Beirat bilden«, der solche Veröffentlichungen »unterbinden werde«. Dies ist ein merkwürdiger Vorgriff auf Befugnisse und Person des Präsidenten der künftigen Berlin-Brandenburgischen Akademie der Künste, die nach dem Willen aller Beteiligten die Herausgabe von »Sinn und Form« fortsetzen wird. Walter Jens' Verlautbarung übersieht zudem, daß die Zeitschrift »Sinn und Form«, die nicht das Organ der früheren Akademie der Künste der DDR war, sondern lediglich von ihr herausgegeben wurde, bereits einen Beirat hat. Er wurde am 2. Januar 1992 durch den Präsidenten der Akademie berufen und besteht aus den Mitgliedern Volker Braun, Friedrich Dieckmann, Prof. Dr. Gerd Irrlitz, Prof. Gerd Koch, Ingrid Krüger, Heiner Müller und Dr. Dietger Pforte. Dieser Beirat hat es niemals für seine Aufgabe angesehen, die unter der Leitung des Chefredakteurs, Dr. Sebastian Kleinschmidt, stehende laufende redaktionelle Arbeit zu überwachen oder gar zu zensieren. Seine Aufgabe ist es, Anregungen zu geben und die sich in den Heften realisierende Redaktionsarbeit mit dem Chefredakteur zu erörtern. Die vertraglich gesicherte Unabhängigkeit des Chefredakteurs von »Sinn und Form« von den Instanzen und Institutionen der Akademie der Künste war über Jahrzehnte hin die Grundlage für die Eigenständigkeit und das literarische Niveau der Zeitschrift. Jeder Eingriff in diese Unabhängigkeit, wie qualifiziert immer die Kontrollinstanzen wären, müßte die Substanz der Zeitschrift beschädigen und den Ruf der Institution, die ihn vornimmt. Wenn Walter Jens die Publikation von Tagebuchblättern Ernst Jüngers aus dem Jahre 1992 mit Verdächtigungen und Ermahnungen begleitet, so sollte er bedenken, daß das Talent dem politischen Irrtum nicht weniger als das Nichttalent ausgesetzt ist. Die Jahrzehnte zurückliegende Äußerung solcher Irrtümer kann nicht die Ausgrenzung eines bedeutenden Autors aus einer literarischen Zeitschrift rechtfertigen, deren Aufgabe es nicht ist, sich mit früheren oder gegenwärtigen Ansichten ihrer Autoren zu identifizieren, sondern die gehalten ist, ihre Leser mit bedeutenden Texten und relevanten Autoren bekannt zu machen. Wenn Ernst Jüngers neuer Text jenen antisemitischen oder militaristischen Anschauungen, die Walter Jens dem jungen Jünger vorwirft, Raum gegeben hätte, hätte die Zeitschrift »Sinn und Form« ihn nicht gedruckt. Einen 97jährigen Schriftsteller auf die Äußerungen seiner Jugendzeit festzulegen und mit dieser Begründung einer Leserschaft fernzuhalten, die gerade erst andern Bevormundungen entrückt ist, wäre ein Verfahren, das sich mit dem Geist einer unabhängigen Literaturzeitschrift weder bei Ernst Jünger noch in irgendeinem andern Fall verträgt.

Es gibt ein Menschenrecht auf Feigheit
Ein Gespräch mit Thomas Assheuer für »Frankfurter Rundschau«, 22. 5. 1993

Herr Müller, seit dem Abtritt der DDR spielen die westdeutschen Zeitungen Stasi und Gendarm. Man arbeitete sich spiralförmig nach oben, erst Sascha Anderson, dann Christa Wolf, und so kam man eines Tages auch zu einem berühmten Dramatiker. Das wußten Sie, aber Sie haben geschwiegen. Fühlten Sie sich unangreifbar?

Was ich wußte, war, daß ich Gespräche hatte mit der Staatssicherheit. Aber ich habe natürlich keine Berichte geschrieben, man hat mich danach auch nie gefragt. Sie wußten, daß sie bestimmte Dinge bei mir gar nicht versuchen können. Andererseits gibt es in diesen Akten Pläne und Wunschzettel. Die Führungsoffiziere mußten natürlich auch Leistungen bringen, und wenn es ein Haufen Papier war. Daraus entstand zum Beispiel der groteske Plan, Heiner Müller anzusetzen auf Bettina Wegner und Klaus Schlesinger, zu denen ich gar keinen Kontakt hatte. Man hat mich nie danach gefragt, aber es stand da, in dem Stasi-Plan. In den Akten von Wegner und Schlesinger steht nichts davon. Was mich verblüfft hat, war die Geschwindigkeit und Selbstverständlichkeit, mit der Journalisten, gerade in der »Zeit«, annahmen, ich hätte Leute observiert oder denunziert und dafür noch Geld gekriegt. Das hat mich eigentlich verblüfft, wie das funktionierte.

Dennoch haben Sie in Ihrer Autobiographie KRIEG OHNE SCHLACHT den Eindruck vermittelt, die Staatssicherheit habe bei Ihnen nur kurz angeklopft und mit Ihnen eine Havanna geraucht. Das war's dann aber wohl nicht.

Leider keine Havanna. Zunächst einmal wollte ich ja auch was. Und was die wollten, war etwas anderes als das, was ich wollte. Aus meiner Sicht war es so: Die Volksbühne unter Benno Besson war zersprengt durch Verbote von Stücken von mir und von Brecht – bei Brecht waren es die Erben, bei mir war es die Bezirksleitung der Partei. Deswegen hat Besson gekündigt und ist weggegangen. Langhoff und Karge haben auch gekündigt und sind weggegangen. Das war das Ende der Volksbühne. Langhoff inszenierte in Hamburg und hatte eine Freundin in der Schweiz. Sein Problem war, daß er sein Visum überzogen hatte. Er war schon zwei Monate länger als erlaubt im »westlichen Ausland«. Deswegen ging ich zum Bezirkssekretär Naumann, aber der lehnte ab, irgend etwas zu unternehmen, er schäumte und meinte, Langhoff würde verhaftet, wenn er zurückkomme. Und dann sagte mir der ehemalige Verwaltungssekretär der Volksbühne, der natürlich Kontakte zur Staatssicherheit haben mußte mit einem Ausländer als Intendanten – das ganze hätte ohne eine solche Absicherung nicht funktioniert –, er kenne Leute von der »Firma« und ich solle doch mal zu ihm nach Hause kommen und mit denen über Langhoff reden. Einer von denen war Girod. Ein paar Tage später hatte Langhoff sein Visum über das Büro Honecker.
Dann gab es immer wieder Probleme mit jungen Autoren. Kriminalisierungs-Rituale: Wer kein Einkommen nachweisen konnte, der war asozial und bedroht vom Berlin-Verbot. Das war ein Versuch, die Szene abzuräumen, zum Beispiel den Prenzlauer Berg. Deshalb kamen immer wieder Leute zu mir, nach der Austreibung von Biermann war ich eine Anlaufadresse. Da kam zum Beispiel einer – der Name ist unwichtig, er ist auch nicht berühmt geworden – und sagte: Die Staatssicherheit habe ihm gedroht, wenn er nichts verdiene, müsse er weg. Ob ich ihm unterschreiben könne, daß er mir fünfzehn

Autographen verkauft habe.
Dann gab es einen jungen Mann, der inzwischen ein Buch über den DDR-Knast herausgegeben hat, den kannte ich aus Hoyerswerda. Er hatte dort einen Jugendclub geleitet, und der war sehr staatstreu eingestellt. Er wechselte dann nach Berlin, war dann auch in einem Jugendclub und kriegte dort Schwierigkeiten, weil er immer die falschen Brecht-Gedichte hat vortragen lassen, zum Beispiel LOB DES ZWEIFELS. Das löste schon tiefen Verdacht aus. Dann fragte mich Girod, ob ich den bei mir wohnen lassen würde, um ihn dem Zugriff anderer Fraktionen des MfS zu entziehen.

Die Staatssicherheit als Volksfürsorge ...

Natürlich gab es da verschiedene Fraktionen und verschiedene Interessen. Und auch Machtspiele. Es gab auch Leute, denen daran lag, bestimmte Maßnahmen nicht machen zu müssen und zu verhindern, daß sie jemanden verhaften oder ausweisen lassen mußten. Das war schon ein echtes Interesse, glaube ich. Sie wußten mehr, hatten mehr Informationen über die wirkliche Lage als die Parteifunktionäre. Der Informationsfluß ging von denen zur Partei, und Girod beschwerte sich bei mir öfter darüber, daß ihre Informationen an der Spitze zu keinerlei Konsequenzen führten. Deshalb bat er mich, doch einmal mit Hager zu reden, weil er dachte, ich könnte da etwas erreichen. Sie wußten ziemlich genau, daß das alles schiefgeht, wenn man nicht bestimmte Dinge begreift und Löcher aufmacht.
Zwei junge Leute, die das Szeneblatt »Horch und Guck« über die Staatssicherheit-Aufarbeitung machen, sagten mir, sie hätten mit einem Stasi-Offizier gesprochen, der für meine Akte zuständig war bis Anfang der 80er Jahre. Ich habe ihn dann auch getroffen, und er erzählte mir, er sei zusammen mit Girod zuständig gewesen für die Ber-

liner Schriftsteller. Nach der Biermann-Ausweisung habe es die Anweisung von der Hauptabteilung XX gegeben, bestimmte Schriftsteller zu kriminalisieren. Zum Beispiel sollte Stefan Heym wegen unerlaubter Publikation im Westen eine Geldstrafe bekommen. Das war ja meistens der Dreh. Dann gehörten noch Jurek Becker dazu, Kunert und ich.

Dieser Stasi-Offizier erzählte das so: Bei Jurek Becker gab es die Möglichkeit der Ausreise, bei Kunert auch, bei mir – nun, ich hatte kein Bedürfnis auszureisen, ich hatte jedenfalls kein Signal gegeben. Also haben sie sich etwas anderes einfallen lassen. So haben sie den operativen Vorgang über die Aufführung meines Stückes ZEMENT vernichtet und daraus einen »IM Vorlauf Zement« gemacht.

Hat man das etwa Ihnen mitgeteilt?

Nicht mir, sondern der Abteilung XX. Und damit war ich erst einmal aus der Gefahrenzone. Die beiden Offiziere hatten meine Stücke gesehen und auch meine Texte gelesen und fanden die Einschätzung nicht zutreffend, ich sei ein »feindlich-negatives Element«. Sie wollten mich also abschirmen. Nun hatten sie dafür nur ein Jahr Zeit, denn ein Vorlauf durfte nur ein Jahr dauern, dann mußte es entschieden sein, so oder so. Sie haben es schleifen lassen, und dann waren es anderthalb Jahre. Dann kam Druck von oben, und dann haben die beiden Gelegenheiten gesucht, wie man mit mir ins Gespräch kommen kann. Schließlich haben sie den Vorlauf in ein »IM« verwandelt.

Und dann hatten Sie Ruhe.

Jedenfalls aus der Sicht meiner »Bearbeiter«.

Sie sagten, die Staatssicherheit habe gewußt, daß es mit

dem Sozialismus schief gehen kann. War das MfS ein Supervisor: Die Stasi organisierte die Informationsströme zwischen den abgekapselten »Subsystemen«?

Das kann man so sehen. Auf jeden Fall war das MfS auch ein soziologisches Institut. Zum letzten Ausstoß der Gauck-Behörde, mich betreffend, gehörten zwei Seiten, die von allgemeinem Charakter waren. In einem Bericht über die Situation in der Akademie der Künste ging es um die Frage, ob Heiner Müller und, geschwärzt, Volker Braun, Mitglieder werden sollen. Das war immer abgelehnt worden, jedes Jahr. Der Genehmigungsvorgang lief so: Der Akademiepräsident mußte zum Kulturminister, dann zum Ideologiechef Hager, dann zu Honecker. Der Beitritt von Volker Braun und mir war aber immer schon auf der Ebene des Kulturministeriums gescheitert. Und dann hat Konrad Wolf, bevor er starb, den Wunsch nach unserem Beitritt quasi als seinen letzten Willen hinterlassen und Wekwerth hat es dann gemacht. In diesem Papier steht, daß Akademiewahlen anstehen mit zwei »problematischen Namen«. Und dann kommt: »Heiner Müller, führender DDR-Dramatiker.« Und: »Volker Braun, führender DDR-Lyriker.« Und dann die Einschätzung der Staatssicherheit, daß zu befürchten ist, daß – wenn diese Wahl nicht zustande kommt, – daß dies einen »Biermann-Effekt« in der Akademie auslösen könnte. Deswegen empfehlen sie, den Beitritt zu gestatten, weil die Akademie das »verkraften« könne: Die »Akademie könnte als Klagemauer dienen«.

Wann ist denn die Staatssicherheit an den Dramatiker mit dem problematischen Namen herangetreten?

Das war 1982, das lief nebenher.

Und was wollte sie von Ihnen?

Ich habe Girod einmal gefragt: Warum reden Sie mit mir? Denn es war nie ganz klar: Er sprach mit mir über Weltpolitik, die Gefahren des Nationalismus, über Dritte Welt und alles mögliche. Also, da habe ich ihn einmal direkt gefragt: Warum reden Sie mit mir. Da hat er nur gesagt: Damit Sie hier bleiben.

Nun heißt es, Heiner Müller habe für die Staatssicherheit gespitzelt...

... Es gibt keinen einzigen Beleg dafür. Was es gibt, ist die Wunschliste der Staatssicherheit, wonach ich auf Bettina Wegner und Klaus Schlesinger angesetzt werden sollte. Aber sie haben mich nie gefragt, denn das war nur für die Akten. Das konnten sie dann ihrer vorgesetzten Behörde zeigen. Ich weiß, daß alle meine Freunde ihre Opferakten durchgesehen haben wegen dieses Spitzelvorwurfs. Keiner hat etwas entdeckt, und keiner kann auch etwas entdecken. Das beruht einfach auf dem Klischee, wer mit der Staatssicherheit redet, ist ein Verräter, ist ein Schwein.

Wie oft haben Sie sich denn mit Girod getroffen?

Vielleicht einmal im Vierteljahr, mal einmal jährlich, es war sehr unregelmäßig.

Konspirativ?

Ich habe das einigen erzählt, weil ich es nicht so ernst genommen habe. Aber es galt für die Stasi als konspirativ.

Aber Sie haben nicht nur konspirativ über die Lieferzeiten von Theaterschminke gesprochen?

Man hat über Kulturpolitik gesprochen. Das kann man

mir zum Vorwurf machen. Aber warum sollte ich nicht versuchen, Einfluß zu nehmen, wenn ich dazu die Möglichkeit hatte? Ich habe darin nie ein moralisches Problem gesehen.

Worüber haben Sie genau gesprochen?

Zum Beispiel über den Fall Dieter Schulze. Er bekam ein Strafverfahren, ich hatte ihm einen Verteidiger besorgt, das war Friedrich Wolff, der spätere Honecker-Verteidiger. Wolff verlor den Prozeß. Dann haben wir, das heißt Christa Wolf, Fühmann und ich, Briefe an Hager und Honecker geschrieben. Daraufhin wurde das Urteil vom obersten Gerichtshof kassiert und dann war Schulze wieder frei. Nun war er ein schwer berechenbarer Faktor, und irgendwann drohte ihm ein neuer Prozeß. Und da fragte mich Girod ganz direkt: Es gibt nur eine Alternative. Zuchthaus oder Ausweisung. Und da habe ich zur Ausweisung geraten. Das kann man mir übelnehmen, aber ich hielt ein DDR-Zuchthaus nicht für eine Dichterakademie.

Das war keine Kollaboration?

Was heißt »Kollaboration«? Ich war doch nicht für das Aufgeben der DDR oder für die Wiedervereinigung. Das wäre mir doch nie in den Sinn gekommen. Ich wußte zwar, das würde alles nicht lange halten, aber es gab doch durch diese Gorbatschow-Illusion die Hoffnung, das System könnte noch einmal reformierbar sein.

Die DDR als Bollwerk, das den Siegeslauf des Kapitalismus aufhält?

Ich habe das nicht so poetisch gesehen.

War für Sie die Staatssicherheit ein legitimer Bestandteil der DDR?

Ich denke schon. Das Hypertrophe an dem Apparat entstand aus der üblen Situation, daß eine Minderheit eine Mehrheit regierte, und zwar eine feindliche.

Aber man mußte ja nicht mit der Staatssicherheit zusammenarbeiten. Da haben Kunze und Schädlich doch völlig recht.

Ich mußte gar nicht. Ich war nicht erpreßbar. Ich habe es bewußt getan. Ich dachte, da kann ich etwas erreichen in konkreten Dingen, wenn es um ein Visum geht oder um die Verhinderung einer Verhaftung.

Fühlten Sie sich geschmeichelt, daß die Macht beim machtlosen Dramatiker anklopft?

Das ist schwer zu beantworten. Es war ja auch ein Joch. Ich würde nicht ausschließen, daß die Illusion, an der Macht teilzuhaben, auch einen Kitzel hatte.

Man hat Sie zur Systemstabilisierung benutzt?

Das kann man so sagen.

Aber Sie müssen doch in Konflikt mit sich selber geraten sein. Der Systemkritiker Heiner Müller gegen den Kommunisten, der die Bastion halten will.

Diesen Konflikt gab es nicht. Ich habe mich nie in dem Sinn als Systemkritiker verstanden. Die Stücke waren einfach realistisch. Und wenn das System die Realität nicht aushält, ist das nicht mein Problem.

Aber es müssen doch zwei Seelen in Ihrer Brust geschlagen haben...

... mehr als zwei, aber es ist nicht so einfach. Ich erinnere mich an 1961, also lange vorher. Da wurde die Mauer gebaut, und wir waren erleichtert und wir fanden das richtig und notwendig. Eine ganz neue Möglichkeit zu arbeiten: Die Mauer als Schutz gegen das Ausbluten, und nun konnte man im Land kritisch und realistisch mit allem umgehen. Diese illusionäre Sicht hatte ich, auch was Gorbatschow angeht. Da war Honecker eben klüger. Weil er weniger wußte.

Veränderten sich Ihre Kontakte zur Staatssicherheit mit dem Auftritt von Gorbatschow?

Ja, sicher, die haben sich verändert. Auf jeden Fall war die Angst größer nach dem Auftreten von Gorbatschow – die Angst, daß die DDR einfach verkauft würde. Das war deutlich. Es gab viel mehr ideologische Gespräche. Es war nicht gerade das höchste theoretische Niveau. Girod machte sich Gedanken über die Weltlage und die Folgen der Reformen in der Sowjetunion. Deutlich war die Angst, daß man das Tempo nicht in den Griff kriegt, das Tempo für die notwendigen Reformen.

Aber warum haben Sie denn in Ihrer Autobiographie von all dem nichts geschrieben?

Es gibt ein Menschenrecht auf »Feigheit vor dem Feind«, von dem habe ich Gebrauch gemacht in der Situation, in der Atmosphäre damals. Und daß das Feindbild stimmt, hat ja dann die Journaille bewiesen.

Um die »Journaille« zu verteidigen: Die Enttäuschung lag doch darin, daß auch Heiner Müller, der Anarchist, der immer jenseits der Macht operierte, sich die Hände schmutzig gemacht hat.

Warum macht man sich da die Hände schmutzig? Ich habe nie behauptet, daß ich ein »reiner« Anarchist bin. Ich rede mit jedem, wenn ich es für notwendig und für praktisch halte. Ich bin immer davon ausgegangen, daß ich erwachsen genug bin. Man konnte viel mehr Schaden anrichten, wenn man indirekt mit der Staatssicherheit geredet hat. In der Theaterkantine, wo man unkontrolliert über Kollegen redet. Die direkten Gespräche waren kontrollierte Gespräche.

Aber es war dennoch ein merkwürdiges Verhältnis zwischen Geist und Macht.

Ich bin aufgewachsen mit dem Gefühl, daß ich aus der Sicht der Macht suspekt bin. Ich war der Macht immer suspekt, vor 1945 und nachher auch. Ich war aus der Sicht des Staates immer schuldig.

Heiner M. als Josef K.

Sie können es auch christlich formulieren. Mein Reich ist nicht von dieser Welt. Aber vielleicht müßte man das Wort vom »Schuldgefühl« etwas korrigieren. Denn eines habe ich bei der UMSIEDLERIN-Affäre deutlich erlebt: Wie schwer das ist, als einzelner gegenüber einer Masse von Andersdenkenden kein ungutes Gefühl zu haben, wenn man bei seinem Standpunkt bleibt. Das ist nicht leicht.

Und das empfinden Sie jetzt wieder?

Und jetzt im Westen wieder. Deswegen verstehe ich so gut, warum Heidegger über seinen Abgrund nicht gesprochen hat. Denn jedes Gespräch führt zu neuen Mißverständnissen, das ist nicht auszuräumen. Ich weiß genau, wenn ich versuche, wirklich zu sagen, was ich denke, dann wäre es besser, wenn es nach meinem Tod erst herauskäme.

Aber Sie haben doch jetzt alles gesagt.

Nein, ich habe nicht alles gesagt. Ich weiß ja nicht, was ich morgen denken werde.

Wie schizophren ist denn für Sie das Verhältnis zwischen der Moral eines Textes und der Moral des Autors?

Kein Mensch ist integer. In keinem guten Stück.

Gibt es denn für Sie den Selbstanspruch der Integrität?

Für mich ist meine Integrität nicht angegriffen durch die Kontakte zur Staatssicherheit. Aber damit stehe ich wohl allein im Moment. Vielleicht auch nicht ganz allein. Ich habe ein paar Freunde verloren, die sowieso keine waren. Das spart Zeit.

Noch einmal zurück: Hat die Staatssicherheit beim Umsturz 1989 mitgeholfen, mitgedreht?

Ich denke schon. Zum Beispiel bei der berühmten Demonstration am 4. Mai. Die war polizeilich geschützt, und es war auch deutlich, wo Blocks der Staatssicherheit standen. Die Buh-Rufe bei meiner Rede kamen zuerst aus diesem Block.

Henryk M. Broder behauptete in der »Zeit«, die Staatssicherheit habe die Wende komplett selber in die Hand genommen.

Das ist nicht ganz unrealistisch, auch wenn es sicher übertrieben ist.

Wann haben Sie das Ende der DDR geahnt?

Schwer zu sagen, das ist wie Ödipus. Man weiß Dinge, und man verhält sich nicht dem Wissen entsprechend. Ich erinnere mich, daß ich einem Fernsehassistenten 1988 auf die Frage, ob er abhauen sollte, geraten habe, er solle hierbleiben, es dauere sowieso nur noch ein Jahr. Es ging um Schadensbegrenzung, denn bis zuletzt bestand die Gefahr, daß die Macht hysterisch reagiert.

Das kann man kaum glauben. Denn in der »Fankfurter Rundschau« haben Sie von Herzen bedauert, daß bei der Wende kein Blut floß.

Das war hinterher. Wenn man da drin ist, sieht man was anderes.

Aber Ihren Blick auf den realen Sozialismus haben Sie nicht korrigiert?

Ich würde sagen, ich habe noch nichts wirklich dazugelernt. Es gilt alles noch, was ich schon vorher wußte.

Auch was Sie vorher über den Westen wußten?

Das sowieso.

Wieviel Diktatur brauchen Sie denn zum Schreiben?

Ich brauche gar keine Diktatur, es ging ja gar nicht um mich, es ging um Theater, und für Theater ist die Diktatur auf jeden Fall eine bessere Folie. Das sieht man jetzt überall. Keiner weiß mehr, wozu Theater überhaupt noch gut ist. Mein französischer Übersetzer Jean Jourdheuil meinte, auch in Frankreich gäbe es diese Lähmung. Er hatte ein simples Schema. Er sagte, früher habe es ein Dreieck gegeben: Die Macht, das Theater und das Publikum. Die Macht ist weggefallen. Jetzt gibt es nur noch Markt.

Manchmal hat man den Eindruck, als würde die Demokratie Sie am Schreiben hindern.

Demokratie gibt es ja gar nicht. Das ist ja auch eine Fiktion. Es ist nach wie vor eine Oligarchie, und anders hat die Demokratie noch gar nicht funktioniert. Es sind wenige, die auf Kosten von vielen leben. Brecht hat das politisch formuliert.

Oder Hofmannsthal. »Manche freilich . . .

. . . manche freilich müssen drunten sterben.« Ja, das ist ein Jahrhundertgedicht. Und das ist heute die Situation. Ich kann da nicht in Jubel ausbrechen über Freiheit und Demokratie.

Aber Kapitalismus und Demokratie sind nicht deckungsgleich.

Das ist gewiß eine Simplifizierung. Ich habe 1988 ein Gespräch mit Ellen Brombacher gehabt, die war zuständig für Kultur im Ostberliner Magistrat. Und dann fragte sie mich, was mir in der DDR fehle, ich habe gesagt: Es gibt keine bürgerlichen Freiheiten, und ohne bürgerliche Freiheiten kann man von Sozialismus gar nicht reden. Das ist eine Grundvoraussetzung, aber das verstand sie absolut nicht. Dann traf ich sie am 4. Mai 1989 auf der Demonstration wieder und sie fragte mich nach einem Satz in einem Interview. Ich hatte gesagt, das Produktive an der Situation sei die Trennung der Kommunisten von der Macht. Die Kommunisten seien nun so etwas wie ein Mönchsorden und müßten die Utopie nicht mehr dem Terrorismus überlassen.

Gehören Sie auch dem Mönchsorden an?

Ich kann in keinem Mönchsorden sein, weil ich zu sehr Künstler, viel zu sehr an Formen interessiert bin.

Intellektuell sind sie fasziniert von den zwanziger Jahren, vom philosophischen Extremismus in der Weimarer Republik. Warum – wo liegen die Parallelen zur heutigen Situation?

Sicher gibt es keine platte Parallele, aber die Verfügbarkeit, die Beliebigkeit der politischen Entscheidungen ist jetzt genauso da, wie am Ende der zwanziger Jahre.

Das heißt, es sind mehrere Optionen offen?

Es ist vielleicht keine offen, aber deswegen sieht es so aus, als wären so viele offen.

Das Ende des sowjetischen Imperiums hat die Geschichte in eine »Zwischenzeit« zurückgebogen?

Ich glaube schon, daß wir in einer Zwischenzeit leben. Wann immer eine wirkliche Krise da ist, dann gibt es eine Flucht in die kleinen Einheiten, und wenn es der Nationalstaat nicht mehr sein kann, dann sind es die Ethnien, dann die Gangs, dann die Familie, aber die Familie reicht nicht mehr. Der jugoslawische Krieg ist ein Laborversuch. Ein gesamteuropäischer Prozeß, nur woanders sind die Sicherungen besser, die sozialen vor allem. Interessant, daß in Italien die nächste Katastrophe da ist, und dann kommt Frankreich, und dann erst die Bundesrepublik. Es gibt keinen Feind mehr, an den man delegieren kann.

Richard Herzinger zum Beispiel macht Ihnen den Vorwurf, Sie seien zur politischen Rechten übergelaufen.

Weil er nur eine Oberflächenschicht der Texte aus der Sicht journalistischer Äußerungen interpretiert. Das ist etwas ganz anderes, wenn ich schreibe als wenn ich rede. Wenn ich schreibe, weiß ich natürlich mehr als wenn ich rede. Und dieses Surplus im Text kommt gar nicht vor bei ihm.

Dennoch: Sie haben Affinitäten zur politischen Rechten.

Was heißt das? Die Rechte ist ja keine einfarbige Angelegenheit. Wichtig ist schon, daß man nicht mehr selektiert und Konzepte mindestens zur Kenntnis nimmt, die nicht dem eigenen Wunschreservoir entsprechen. Zum Beispiel eine Sache, die mir wirklich sehr spät klar geworden ist: Die Marx-Korrektur von Benjamin: Revolution nicht als Beschleunigung, sondern Revolution als Notbremse. Der Sozialismus war eine Notbremse.

Aber Benjamin war kein Rechter. Sie teilen mit Ernst Jünger und Walter Benjamin die Begeisterung für den destruktiven Charakter. Was glauben Sie denn, was hinter der Destruktion frei wird?

Das ist eine Frage, die ich nicht beantworten muß. Ich kann sie auch gar nicht beantworten. Aber wenn man Stücke schreibt, ist der Hauptimpuls wirklich Destruktion, bis man, aber das klingt furchtbar metaphysisch, vielleicht auf einen Kern stößt, mit dem man dann wieder etwas bauen kann. Wenn man alle Illusionen abbaut, kommt man möglicherweise auf die wirkliche Lage. Aber vielleicht gibt es die gar nicht.

Ist dieser Kern ein vitalistischer – das unverstellte Leben?

Ich verstehe die Frage, aber ich könnte so nicht denken. Mir fällt dazu nur etwas ganz Marginales ein. Ich denke an die Geschichte eines kleinen dicken jüdischen Sportjournalisten, der mit einem der letzten Schiffe in Richtung USA davonkam im Zweiten Weltkrieg. Das Schiff wurde von einem deutschen U-Boot torpediert. Er war schon in einem Rettungsboot, das Boot war voll. Dann erschien noch eine Mutter mit einem Kind, und es war kein Platz mehr. Aber er hat sich stumm nach hinten fallen lassen, und es war Platz für sie. Das ist ein unvergeßliches Bild. Die Frage ist letztlich, ob man dazu fähig ist.

Ist der Körper der letzte Widerstand, die letzte Moral, und sei es nur auf dem Theater?

Der Körper ist nun einmal die Realität des Theaters im Gegensatz zu den technischen Medien, und schon deswegen interessant. Der Körper ist immer ein Einspruch gegen Ideologien. Und eigentlich auch gegen Religion. Es gab eine schöne Bemerkung von Ehrenburg in einem Gespräch mit Sartre: »Wenn der Kommunismus gesiegt hat und alle ökonomischen Probleme gelöst sind, beginnt die Tragödie des Menschen. Die Tragödie seiner Sterblichkeit.« Und wenn Sie mich nach einer Moral fragen, dann wäre die Blochsche Formulierung über die moralische Überlegenheit des Kommunismus auch meine: Der Kommunismus hat für den einzelnen keine Hoffnung. Aber das ganze System der Marktwirtschaft beruht darauf, dem einzelnen zu suggerieren, daß gerade er eine Hoffnung hat.

Wenn man nun den kulturindustriellen Schein zertrümmert, dann begegnet man den Schrecken der Existenz und dem Schmutz?

Das war eigentlich für mich meine Rechtfertigung auch für die Kontakte mit der Staatssicherheit: Ich habe nicht das Recht, rein zu bleiben in einer schmutzigen Welt.

Über Charlie Chaplin haben Sie gesagt: Er war ein böser Engel, und das wird von ihm überleben. Kann man auch den Namen Heiner Müller einsetzen?

Natürlich, das sind immer auch Selbstaussagen.

Stalingrad war eigentlich das Ende der DDR
Ein Gespräch mit Detlev Lücke und Stefan Reinecke für
»Freitag«, 18. 6. 1993

Wie haben Sie den 17. Juni erlebt?

Es ist schwierig sich zu erinnern, weil sich das, was man erlebt hat und das, was man später gelesen hat, überschneidet. Die erste Erinnerung ist eine falsche: Ich habe Hermlin gesehen, der pfeiferauchend in einem U-Bahn-Schacht verschwand und wieder herauskam, weil die U-Bahn nicht fuhr. Hermlin sagt aber, daß er damals in Budapest war.

... eine Erscheinung ...

Ja. Hermlin war damals eine hochrespektierte, aristokratische Figur in dieser nivellierten Landschaft. Stefan Heym will Hermlin auch gesehen haben: in einer Versammlung des Schriftstellerverbandes. Das gehört anscheinend zu Erinnerungsbildern, daß sie so unscharf sind. Ich erinnere mich, daß keine Straßenbahnen fuhren und Berlin einen merkwürdig diffusen Eindruck machte. Ich kam von Pankow in die Stadt zum Alexanderplatz. Da gab es eine Ansammlung von Leuten, plötzlich tauchte ein Redner aus der Menge auf, ein fanatischer, hagerer Typ, ein Agitator, der den Spitzbart beschimpfte und Freiheit forderte. Ziemlich gespenstisch. Das sehe ich heute natürlich aus der Sicht von Brecht, der später vom Wiederauftauchen der Femegesichter schrieb.
Die Erinnerung ist unter einem Schleier, ganz so wie auch das Kriegsende. Das war auch so ein angstfreier Zustand, wie im Traum. Es schien auch, daß die russischen Soldaten nicht wußten, was eigentlich los ist. Wahrscheinlich hatte man ihnen erzählt, daß die Nazis wieder da sind und

Deutschland wieder faschistisch machen wollten. Dann sahen sie Gesichter, die nicht wie Nazis aussahen.
Es war ein interessanter Tag, ein Aufleuchten, eine Insel von Unordnung und Bewegung in diesem langweiligen Land. Es gab, auch bei Brecht, ein Aufatmen, daß endlich die verdeckten Strukturen zum Vorschein kamen.

Brecht schrieb damals ein berühmtes Telegramm an das »Neue Deutschland«, in dem er die »große Aussprache mit den Massen« forderte. Das »ND« druckte aber nur den letzten Satz – so wurde aus dem Text eine Ergebenheitsadresse an die SED.

Brecht war davon tief getroffen. Wahrscheinlich war es einfach so, daß der diensthabende Redakteur sich fragte, was können wir davon gebrauchen, und den Rest einfach wegwarf. Ein ganz mechanischer Vorgang. Brecht konnte das nicht begreifen: Er glaubte noch an seinen Stellenwert, den eines international bekannten Intellektuellen. Das war naiv.

In Berlin waren die Zustände vergleichsweise zivil, wohl auch wegen der Anwesenheit der Alliierten. In der Provinz ging es härter zu, bis hin zu einem Todesurteil, das in Magdeburg vollstreckt wurde.

In der Provinz hat der 17. Juni länger gedauert. In Leuna gab es Gruppen, die im Rahmen der DDR bestimmte Forderungen durchsetzen wollten. Das waren sozialdemokratische Zellen, keine Femegesichter. Adolf Dresen hat einmal Material über den 17. Juni gesammelt. Er ging zu Fritz Selbmann, das war der einzige Funktionär, der sich damals getraut hatte, auf die Straße zu gehen. Die anderen SEDler waren schlauer, die wußten, daß es keinen Sinn hatte. Selbmann hat ein Tonband vorgespielt: eine Rede, die er in einem Werk in Leuna gehalten hatte.

Als er sagte: Genossen, wir haben in den KZs gesessen, bekam er Applaus, als er den Aufstand kritisierte, gab es Buh-Rufe. Eine turbulente Veranstaltung. Irgendwann hörte man auf dem Band nur noch ein Dröhnen. Dresen fragte, ob das eine Tonstörung sei, und Selbmann sagte: »Nee, das sind die Panzer, die draußen auffahren, und die Flugzeuge, die über das Werk fliegen. Ich hatte den Auftrag genau 30 Minuten zu reden. Bis die Rote Armee da ist.«

Vor dem 17. Juni hatte es Auseinandersetzungen in der SED gegeben: vor allem Zaisser, der Minister für Staatssicherheit, und Herrnstadt, der Chefredakteur des »ND«, wollten keine andere, aber eine realistischere Politik. Ulbricht hat die beiden – aus eigennützigen Gründen – zu einer Fraktion stilisiert und für ihren Ausschluß gesorgt. War der 17. Juni eine der vielen verpaßten Chancen in der Geschichte des Kommunismus?

Auf den ersten Blick, natürlich. Aber die DDR war für die Sowjets immer Manövriermasse, mögliches Tauschobjekt für weltpolitische Vorteile. Diesen Hintergrund kannte Ulbricht besser als Herrnstadt und Ackermann. Die alternative DDR war immer eine Illusion. Eine Erinnerung: Mein Vater war Bürgermeister in einer sächsischen Industriestadt, bevor er in den Westen ging. Dort gab es einen alten beliebten Kommunisten, der im KZ gewesen war. Alkoholiker, alle vier Wochen fiel er aus, ein richtiger Prolet. Der hielt einmal in einem Betrieb zum Jahrestag der Oktoberrevolution eine flammende Rede. Danach kam ein Arbeiter zu ihm und sagte: Franz, wenn wir mal soweit sind, hängen wir euch uff. Dich schneid' ich ab. Das war das höchste Kompliment, das ein Funktionär von der Arbeiterklasse bekommen konnte.

Ulbricht wußte, daß ihn keiner abschneiden würde.

Ja. Ulbricht war kein Intellektueller wie Herrnstadt. Die hatten in dieser Hinsicht immer Illusionen.

War der 17. Juni beides: Volksaufstand und reaktionäre Erhebung?

Es gab eine soziologische Untersuchung über den 17. Juni, die feststellte, daß die Bauarbeitergewerkschaft, von der die Revolte ausging, vor 1933 den höchsten Anteil an Kommunisten hatte und deshalb auch die meisten Blutopfer. Die Russen schickten nun nach 45 alle, die nicht gerade Kriegsverbrecher waren, auf den Bau. Das war mit großen Vergünstigungen verbunden: Sie bekamen bevorzugt Lebensmittel, ihre Kinder galten als Arbeiterkinder und durften studieren. Das ist ein Aspekt der Geschichte. Ein anderer Punkt war, daß keine Studenten da waren, weil sie Semesterferien hatten. Es gab keine Verbindung zu den Studenten und Intellektuellen. Die Trennung von Arbeitern und Intelligenz gehörte zum Genie Ulbrichts. Henselmann (Ostberliner Chefarchitekt, Erbauer der Stalinallee) hatte einmal gesagt, daß die Architekturstudenten schon während der Ausbildung auf dem Bau arbeiten sollten. Ulbricht hat Henselmann zu sich bestellt und gebrüllt, das wäre konterrevolutionär. Die Studenten sollen studieren, die Arbeiter arbeiten. Diese Trennung hat in der DDR bis zuletzt funktioniert: bis zum 4. November 1989. Ulbricht machte es noch aus Kalkül, später hat das instinktiv funktioniert: Trennung durch Privilegien. Wer in den Westen reisen durfte, dem traute man nicht mehr richtig.

Der 17. Juni ist kaum Stoff für Literatur geworden, nur in Stefan Heyms »5 Tage im Juni«. Das Datum scheint für klare politische Interpretationen zu taugen, aber nicht so sehr für literarische Beschreibungen.

Ein Detail fand ich interessant: Jan Koplowitz erzählte mir einmal, daß Ulbricht ihn einmal Anfang der 60er gefragt hatte, woran er arbeite. Koplowitz sagte: an einem Roman über den 17. Juni. Und Ulbricht sagte: Nu, Genosse Koplowitz, das mußte so schreiben: Da ist ein Funktionär, der hat Mist gebaut, nu muß er an die Basis. Nu kann er nich mehr arbeeten. Macht macht weeche Hände – ein bedeutender Satz von Ulbricht –, un nun macht er enen Putsch. Das war Ulbrichts Version vom 17. Juni.

Die Kommunisten kamen aus dem Moskauer Exil in Feindesland: das hat 44 Jahre lang gehalten, jetzt ist es sang- und klanglos verschwunden. Es hat nur auf der Roten Armee basiert...

... und auf der Trägheit der Massen. Man hat sich eingerichtet. Es gab einen Frieden der Korruption: Ihr bescheißt uns ein bißchen, wir bescheißen euch ein bißchen – und wir kommen schon klar. Das war der DDR-Frieden.

Gab es eine Langzeitwirkung des 17. Juni? Hat die Erfahrung des 17. Juni den Mauerbau beeinflußt?

Ich glaube nicht. Aber es gab 1961 wieder ähnliche Illusionen: zum Beispiel, daß die Mauer uns mehr Offenheit bescheren würde. Otto Gotsche hat 1961 gesagt: Jetzt haben wir die Mauer, jetzt können wir jeden daran zerquetschen, der gegen uns ist. Wir dachten, jetzt haben wir die Mauer, jetzt können wir Otto Gotsche sagen, daß er ein Arschloch ist. Das war ein Irrtum. Dabei war Gotsche kein Zyniker, zynisch können nur Intellektuelle sein. Die Gotsches, die Verfolgten und Besiegten, haben immer einen genaueren Blick auf die Geschichte als die Sieger. Sieger haben Illusionen, die Verfolgten können sich Illusionen nicht leisten, nur Lügen und Phrasen, die man braucht, um über die Runden zu kommen.

Interessant ist, daß die DDR-Opposition von Illusionen und Idealen geprägt war, die aus der Pionierbewegung stammten. Bärbel Bohley trat ja wie ein typischer Jungpionier auf, der das Wahre, Schöne und Gute sucht. Jetzt ist die DDR verschwunden, und viele von denen, die nicht den Kopf, aber doch den Kragen für eine bessere DDR riskiert haben, sind jetzt bereit, alles an der DDR verwerflich zu finden. Ich verstehe das: Bohley und anderen wird die Biographie weggenommen, deshalb müssen sie um sich schlagen. Sie haben gelitten, das darf nicht umsonst gewesen sein.

Haben Sie die Stasivorwürfe belastet?

Es ist schwer, ehrlich zu antworten, aber eigentlich nicht. Als ich wegen der Stasigeschichte in den Zeitungen stand, ging ich in Berlin in ein Lebensmittelgeschäft. Die Verkäuferin sagte: »Jetz weeß ick endlich, wer Sie sind.«

Westdeutsche Germanisten wie Herzinger und Domdey haben Ihnen Nähe zu den Ideen der Neuen Rechten vorgeworfen. Trifft Sie das?

Ach, nein. Inzwischen soll ja Volker Braun schon an Hoyerswerda schuld sein. Domdey war früher ein linksradikaler Maoist. Irgendwann mußte er die Kurve kriegen, da hat er mich als Feindbild entdeckt: den »nietzscheanischen Stalinisten«. Seine Studenten arbeiten jetzt an der Entfaltung dieses Bildes.

Die »Frankfurter Rundschau« und andere haben Domdey und Herzinger widersprochen: aber der Preis für diese Verteidigung ist, daß Sie darin als unpolitischer Dichter gerettet werden. Und Literatur darf ruhig »politically incorrect« sein.

Klar. Darin steckt auch der Versuch, ein vermutetes Potential unschädlich zu machen. Dichter dürfen alles: »des Dichters Auge im schönen Wahnsinn rollend.« Das ist ein subjektiv ehrlicher Rettungsversuch, aber auch das Eingeständnis, daß es in dieser Gesellschaft Toleranz für Andersdenkende eigentlich nicht gibt.

Was war, von heute aus gesehen, die DDR?

Ein Provisorium. Man kann es so sehen: Sie war ein Geschenk für eine Generation von besiegten Kommunisten, Emigranten, Zuchthäuslern, KZlern, die hier einen schönen Lebensabend verbringen durften. Das war's eigentlich. Es gab in der DDR ungeheuer viel Zeit, ein Staat der Verlangsamung. Die Zeitvorstellung im Sozialismus ist der eigentliche Unterschied zum Faschismus. Für Hitler gab es keine Weltzeit, nur Lebenszeit. Dieses bedingungslose Präsens, daß alles in seinem Leben passieren mußte, erklärt vielleicht die Faszination, die Hitler heute auf Jugendliche ausübt: No future, alles jetzt. Hitlers Leben war gleichzeitig auch ein langer Selbstmord, das war die eigentliche Energie. Als Österreich angeschlossen wurde, war einer seiner ersten Befehle, ein Dorf in Oberösterreich zu planieren und die Bevölkerung zu evakuieren. In diesem Dorf war eine Großmutter von Hitler begraben, über die das Gerücht kursierte, daß sie eine Liaison mit einem Juden gehabt hatte. Das war eine Suche nach dem Juden in sich selbst. Irrsinn natürlich.
Die Zeitvorstellung im Sozialismus war fundamental anders; dort dachte man immer über Lebenszeit hinaus. Es gibt eine Geschichte über den Stalingrad-Roman von Grossmann. Er hat das Skript bei »Nowy Mir« eingereicht, und Suslow sagte ihm: Das Buch kann frühestens in 300 Jahren erscheinen. Das ist wiederum ein Unterschied zur DDR-Kulturpolitik, die immer kurzfristig gedacht war. Höpcke hätte so etwas nie sagen können.

Das war, für Ostler, tröstlich. Der deutsche Ewigkeitsanspruch hat nie funktioniert, nicht mit Hitlers Tausendjährigem Reich, nicht mit Honeckers Prophezeiung, daß die Mauer noch hundert Jahre stehen würde. Als Honecker das sagte, 1988, fiel mir eine Anekdote von Roda Roda und seinem Dramaturg ein, die 1918 mit einem Stück zur österreichischen Zensurbehörde kamen. Der Zensor sagte: Solange Österreich besteht, wird dieses Stück nicht aufgeführt. Der Dramaturg antwortete: Na gut, warten wir noch die paar Wochen.

Ja, man konnte in der Zeit um 1989 viele Wetten gewinnen.

Merkwürdig ist, daß auch unser Staunen über das Verschwinden der DDR schon wieder verschwunden ist. Es hat peng gemacht – eher plop –, weg war sie.

Eine Implosion, ja. Die eigentlichen tektonischen Veränderungen haben natürlich vorher stattgefunden. Das reicht zurück bis Stalingrad, das militärgeschichtlich der Untergang des sowjetischen Zeitalters war. Hitlers Strategie war die dauernde Bewegung: keine Reserven, nur Angriff. Mao Tse Tung hat gesagt: Der Nationalsozialismus war unschlagbar, solange er im Angriff war. Dazu gehörte die Kesselschlacht. Der Kessel hat zwei Seiten: von außen die Eingrenzung, innen Zerstörung der Infrastruktur. Die Bomber betäuben, das ist die Narkose, dann kommen die motorisierten Verbände, das ist die Operation, dann kommt die Infanterie und räumt auf. Der Kessel, sagt Bernd Böhmel, von dem diese seltsame, aber einleuchtende These stammt, ist die Strategie der Konterrevolution. In Stalingrad haben die Sowjets sie übernommen.
Stalin war immer gegen Kesselschlachten, er dachte noch in Kategorien des Bürgerkrieges: Massen marschieren

auf breiter Front nach vorne. Schukow hat sich 1942 gegen Stalin durchgesetzt. In Stalingrad gab es den ersten großen Kessel, danach bis zum April 1945 nur noch Kesselschlachten. Wenn man eine Strategie übernimmt, integriert man den Gegner. Das Ergebnis der Übernahme der konterrevolutionären Strategie war die Bildung der Ostblockstaaten als gefrorene Kessel: Abgrenzung nach außen, Zerstörung der Binnenstruktur. Das war das gleiche Prinzip. Das Ende der DDR war eigentlich Stalingrad.

Es gibt einen berühmten Satz von Walter Benjamin: Die Revolutionen sind nicht Motor, sondern Notbremse der Geschichte. Nach 1989 wirkt der Satz noch treffender. Die Revolution von 1917 war vielleicht nur die Wahl eines vermeintlich kleineren Übels: ein gescheiterter Versuch, dem Schicksal zu entgehen, Hinterhof des kapitalistischen Europa zu werden. Hat sich Ihr Blick auf die kommunistische Geschichte durch 1989 verändert?

Nein. Es gibt einen interessanten Text von einem italienischen Soziologen, der in den 30er Jahren in der Sowjetunion war. Dieser Soziologe hat die These entwickelt, daß der Stalinismus so etwas wie ein Laborversuch für hochentwickelte Industriegesellschaften war. Was dort in unterentwickelten Verhältnissen ausprobiert wurde, würde irgendwann das sein, was die hochentwickelten Gesellschaften brauchen werden. Trotzkij hat das richtig gesehen: Stalin war die Konterrevolution, die stalinistische Struktur war ein Trainingslager für die Überlebensbedingungen des Kapitalismus. Unter unterentwickelten Bedingungen; deshalb hat es nicht geklappt.
Das ist ein gespenstischer Gedanke, aber kein abwegiger. Wenn die Festung Europa nicht mehr zu halten ist und die Bürgerkriege militante Formen annehmen, wird es einen strukturellen Stalinismus geben.

Geschichtssprünge

Ein Gespräch zwischen Valentin Falin und Heiner Müller für »Freitag«, 19. 11. 1993. Die Gesprächsleitung hatte John Goetz.

Welche Rolle spielten die westlichen Alliierten in den Vorbereitungen zum Krieg?

Heiner Müller: Wolfgang Wagner hat mir neulich erzählt, daß Hitler immer zu Gast bei seiner Mutter war. Hitler war jedes Jahr in Bayreuth und fühlte sich in dieser Familie wie zu Hause. Man konnte mit ihm sprechen und ihn auch kritisieren. Einmal, da kam Henderson, der britische Botschafter, nach Bayreuth zur Villa Wahnfried, um mit Hitler zu sprechen, vor dem Krieg. Und dann hat Wolfgang Wagner – er war damals 12 Jahre – gesehen, wie Hitler eine Münze geworfen hat, um zu erfahren, ob er den Krieg riskieren soll oder nicht. Diese Haltung finde ich so irrsinnig. Er hat gesagt: Bei Zahl gibt es Krieg, wenn Kopf fällt, gibt es keinen Krieg. Er war ein Spieler.

Der US-Botschafter in Polen hat schon 1938 gesagt, daß die Vereinigten Staaten abwarten werden, um die Sowjetunion und Deutschland einander ausbluten zu lassen.

Valentin Falin: Das war die amerikanische Einstellung. Präsident Roosevelt hat zu Stalin gesagt: Hätte Japan die USA nicht direkt angegriffen, dann wären die USA wahrscheinlich im Zweiten Weltkrieg neutral geblieben. Das war 1943 auf der Teheraner Konferenz.

Müller: Es gibt einen sehr guten Autor, Ross Thomas.

Ich erinnere mich an einen schönen Dialog: Zwei CIA-Agenten treffen sich. Die haben sich lange nicht gesehen, und der eine fragte: »Sag mal, wo ist eigentlich Harry? Hast du Harry mal gesehen?« Der andere antwortet: »Nein, Harry, der ist in China auf einer humanitären Mission.« »Ah, was macht er?« »Brunnen vergiften.«

Falin: Es gibt ein Dokument von Biron Truman, dem Mitarbeiter des amerikanischen Militär-Attachés in Berlin, über sein Gespräch mit Hitler. Diese Aufzeichnung aus dem Jahre 1922 ist in amerikanischen Archiven bis heute aufbewahrt. Hitler entwickelte seine Idee, die Nazi-Partei sei ein natürlicher Verbündeter der westlichen Staaten. Diese Partei sei nicht nur für Deutschland, sondern für den Westen insgesamt nötig, um das Problem Kommunismus zuerst auf deutschem Territorium unter Kontrolle zu bringen und zu lösen, bevor der russische Kommunismus zu einer militärischen Herausforderung wird.

Müller: Was halten Sie von der These, daß Stalin bewußt allen Warnungen mißtraut und die Deutschen ins Land gelassen hat?

Falin: So ist das durchaus nicht korrekt. Es gab ganz verschiedene Mitteilungen. Heute sucht man jene aus, die beweisen sollen: Stalin hat alles mißachtet und bewußt die Fehler begangen, die uns beinahe die Existenz kosteten. Zum Beispiel Richard Sorge, der für die Sowjetunion in Japan spionierte. Ein ganz hervorragender Mann. Seine letzte Mitteilung aus Japan, ein paar Tage vor Beginn des Krieges, lautete: »Angriff ist verlegt worden.« Dieses Faktum, wie viele ähnliche, wird von jenen mißachtet, die Stalin unterstellen, er habe Hitler bewußt ins Land gelassen.

Müller: Es ging nur um den Zeitpunkt. Daß Hitler das wollte, war von Anfang an klar. Er wußte nicht genau, wann der richtige Zeitpunkt war. Nur darum ging es eigentlich.

Falin: Stalin hatte Angst vor dem Krieg, eine physische Angst, weil er sich im klaren war, daß ein Krieg, nachdem er selbst das Offizierskorps der Roten Armee vernichtet hatte, tragisch wäre. Er brauchte mindestens zwei Jahre, um das Land notdürftig auf den Krieg vorzubereiten. Und Stalin war bereit, praktisch alles zu opfern, um diese Pause zu gewinnen. Dieser Wunsch, Vater aller seiner Entscheidungen zu sein, hat Stalin bewegt, nur den Mitteilungen Vertrauen zu schenken, die seiner eigenen Position entsprachen.

Müller: Es gibt die Legende, daß Stalin in Teheran den Vorschlag machte, den deutschen Generalstab erschießen zu lassen.

Falin: Es war anders. Stalin hat in Teheran den Vorschlag gemacht, 50 000 SS-Leute gleich zu erschießen als Vergeltung für die ungeheuren Massaker in den besetzten Gebieten. Churchill war strikt dagegen. Roosevelt und sein Sohn Elliot versuchten zu vermitteln. Sie sagten: Im Laufe des Krieges werden mehr SS-Leute umkommen, und das Problem wird von selbst gelöst. Und es war in der Tat so in Weißrußland. 1944 waren dort starke deutsche Verbände eingekreist, sie leisteten Widerstand, und auf die Forderung, sich zu ergeben, antworteten sie: »Wer steht uns gegenüber? Reguläre Streitkräfte der Roten Armee oder Partisanen?« Waren es reguläre Streitkräfte, haben sie sich ergeben. Gegen die Partisanen wurde bis zum letzten Schuß gekämpft. Partisanen wurden von den SS-Leuten an Haken gehängt. Die Rache ließ nicht auf sich warten – SS-Offiziere waren verdammt, an

Bäumen hochgezogen zu werden, und kein Befehl stoppte diese Selbstjustiz. Wie viele SS-Leute auf diese Weise getötet worden sind, weiß niemand.

Müller: Mir hat jemand erzählt, daß Hitler in der Reichskanzlei immer wieder davon sprach, wovor er wirklich Angst hätte. Seine Hauptfurcht war, daß er in einem Rattenkäfig durch Moskau geführt werde.

Isaac Deutscher schreibt, daß NSDAP-Funktionäre im April 1945 drei Monate im voraus bezahlt wurden, damit sie bessere Überlebenschancen hatten.

Falin: Es sind 1945 Machtstrukturen hinterlassen worden. Wir wissen das aus unseren Erfahrungen in Ostpreußen, in den baltischen Staaten und in der Ukraine. Beispielsweise hat Dr. Rode, der Direktor vom Bernstein-Museum in Königsberg, damals zu verstehen gegeben, daß er bereit sei, uns zu verraten, wo das Bernsteinzimmer aufbewahrt sein könnte. Das war 1945. Und dann verschwanden er und seine Frau. Man hat in einem Standesamt eine Notiz gemacht, daß sie an den Folgen von Ruhr starben. Es wurde sogar angegeben, wo sie begraben sind. Man prüfte dies und fand keine Überreste von dem Ehepaar. Die Vermutung schien bestätigt zu sein, daß SS-Leute oder NSDAP-Leute sie beschattet und festgestellt hatten, daß sie Kontakt zu sowjetischen Offizieren besaßen. Dann ließ man sie verschwinden.

Gibt es eine Parallele zwischen den Demontagen der Nachkriegszeit und der Deindustrialisierung der DDR durch den Westen?

Müller: Was die Deindustrialisierung betrifft, gibt es eine dolle Propaganda. Die sagt, daß die SED in 40 Jahren dieses Land zugrunde gerichtet hat. Die Westler haben dazu nur ein Jahr gebraucht. Es gab nach dem Krieg die These, daß Hitler Expansion wollte, aber eigentlich das deutsche Territorium gesundgeschrumpft hat: Die schwachen Teile wurden abgestoßen; es blieb der industriell potente Kern, das Territorium der Bundesrepublik. Und deswegen ist die Vereinigung jetzt eine Katastrophe für diesen Staat, weil die schwachen Teile zurückgekommen sind. Ich hatte den Eindruck, daß die DDR etwas Vorläufiges war, ein Provisorium.

Sehen Sie das auch so?

Falin: Stalin hatte ursprünglich keine Pläne zur Spaltung Deutschlands. Deswegen hat Deutschland im Osten diese Grenzen bekommen. Sonst wären die anders gewesen, beispielsweise im unteren Verlauf der Oder, um eine größere und lebensfähigere DDR zu bekommen. Laut den Dokumenten, die jetzt freigegeben werden, unter anderem Geschäftsaufzeichnungen zwischen Stalin, Pieck, Ulbricht und Grotewohl, untersagte der sowjetische Diktator, alles in Ostdeutschland zu unternehmen, was endgültige Tatsachen – im Sinne einer Teilung Deutschlands – schaffen könnte. Hauptaufgabe war der Frieden. Und der Friede sollte gesichert werden, indem man die Spaltung verhinderte. Für die westliche Seite hingegen war es schon 1945 beschlossene Sache, daß Deutschland als ein einheitlicher Staat aufhören sollte zu existieren. Endgültig fixiert in den folgenden zwei Jahren. Deswegen hat man die Potsdamer Beschlüsse über Demilitarisierung, Demokratisierung und Entnazifizierung in den westlichen Zonen auf Eis gelegt. In Ostdeutschland hat man Bunker, unterirdische Werke und Kommandozentralen gesprengt: 80 Prozent und mehr. In Westdeutschland gab man sich mit 15 Prozent zufrieden. Gerade die Gespräche Stalins mit Pieck und anderen beweisen, wie ernst die März-Note von 1952 gemeint war. Ich kann das auch aus meiner Erfahrung belegen. Es war ein sachlicher Vorschlag, abgelehnt von Adenauer. Aber es war wirklich eine reale Chance, zum letzten Mal wiederholt von Chruschtschow am 15. Januar 1955.

Es gab später noch Vorschläge...

Falin: 1956 gab es einen Vorschlag über die deutsche Konförderation. Der eigentliche Autor dieses Plans war Fritz Schäffer. Wiederholt zu Neujahr 1957 von Ulbricht. Dann aber hat Ulbricht gegen diese Idee gehandelt, indem er verriet, daß dieser Plan von Schäffer stammte. Damit brachte er Schäffer in eine unmögliche Lage. Schäffer war Finanzminister in der Adenauer-Regierung.
Auch der amerikanische Außenminister Dulles versuchte, Adenauer zu überreden, man solle eine Konföderation akzeptieren. Er hat es mehrmals versucht, vergeblich. In Adenauers Augen war dies nichts als ein taktisches Manöver, ohne jeden Wert.

Müller: Ich glaube, es war etwas anderes bei Adenauer. Es war fast biologisch bei ihm. Hamburg gehörte nach seiner Auffassung zum Osten. Adenauer hat mal gesagt, immer, wenn er nach Berlin fährt, und der Zug überquert eine Elbbrücke, dann wird ihm kalt, und dann wußte er: Jetzt bin ich in Asien. Hinter Magdeburg begann für ihn die Steppe.

Falin: Das war sein Alptraum. Er war nach dem ersten Weltkrieg eigentlich ein rheinländischer Separatist. Nach 1945 wollte er das Reich spalten. Er war Katholik im protestantischen Deutschland und glaubte, in einem vereinigten Deutschland mit einem protestantischen Osten wären die Katholiken in der Minderheit.

Also waren die Hauptgegner der Einheit Adenauer und Ulbricht?

Falin: Hätte Adenauer nicht mitgespielt, wäre Deutschland nicht gespalten worden. Ulbricht war auch kein Verfechter der deutschen Einheit, aber erst ab 1955 vertrat er definitiv die Position der Zweistaatlichkeit. Entweder man nimmt seriös den Aufbau Ostdeutschlands in Angriff, also den sozialistischen Aufbau, oder das Land ist sowieso verloren – so ungefähr lautete seine Schlußfolgerung.

Die deutschen Politiker hatten also doch mehr Macht, als man glaubt.

Falin: Viel, viel mehr Macht.

Chruschtschow hatte dann eine ganz widersprüchliche Position. Nach dem Sturz von NKWD-Chef Berija wurde dieser angeklagt: er hätte, hieß es damals, die DDR verkaufen wollen.

Müller: Das war sicherlich nicht der Grund für die Anklage.

Falin: Es war, wie es damals bei uns üblich war: Wenn jemand verhaftet und beschuldigt wurde, dann paßt – wie wir sagen – alles in ein Faß. Berija sollte ein Neffe vom Teufel sein und auch noch mit dem chinesischen Kaiser verwandt. Alles war dabei. Berijas Vorschlag war: Wiedervereinigung, aber Deutschland darf nicht in die NATO. Das war praktisch die Wiederholung des Stalinschen Vorschlags von 1952 mit manchen Korrekturen. In der Anklage blieb am Ende nur »Verrat« an einer sozialistischen DDR, die es zu jener Zeit noch gar nicht gab. Berija war natürlich ein Verbrecher, durch und durch. Er

durfte zu einer Million mal lebenslänglich verurteilt werden. Man wollte ihn aber nicht nur als Kriminellen vor Gericht stellen, sondern auch als einen politischen Verbrecher.
Derselbe Chruschtschow hat fünf oder sechs Monate später etwas Ähnliches vorgeschlagen: in Berlin während der Außenministerkonferenz. Und im Januar 1955 hat Chruschtschow freie deutsche Wahlen angeregt. Wie das Volk entscheide, so sollte auch die soziale Ordnung sein. Die einzige Bedingung war, daß Deutschland nicht Mitglied einer militärischen Koalition gegen die Sowjetunion wird.
Das waren schon im Kern die strategischen Überlegungen von Stalin gewesen: Wenn wir geregelte Beziehungen mit Deutschland haben, wird es keinen Krieg in Europa geben. Dann sind unsere Sicherheitsinteressen gewährleistet. Denn ohne Deutschland oder gegen Deutschland ist kein westlicher Staat, inklusive der USA, imstande, einen Krieg in Europa gegen die UdSSR zu führen. Diese Idee war schon ein Motiv des Hitler-Stalin-Paktes von 1939. Und während und nach dem Krieg wurde diese Überlegung noch bestärkt.

Müller: Das war auch richtig.

Das hieß, daß ein sozialistisches Deutschland zweitrangig war?

Falin: Ja, das hat Stalin zugegeben, zum Beispiel in Gesprächen mit Pieck. Die erste Aufgabe von uns Kommunisten ist der Frieden, sagte er. Und alles, was dem Frieden dient. Alle anderen politischen und sozialen Ziele sollen dieser Hauptaufgabe unterstellt sein.

Machen wir einen Sprung in die jüngste Historie. Herr Falin, wie haben Sie reagiert, als Sie im »Spiegel« gelesen haben, daß Gorbatschow auf die Frage nach seiner heutigen politischen Einstellung die Position der SPD nannte?

Falin: Ich habe mich gefragt, ob Gorbatschow jetzt dabei ist, auch diese Partei aus dem Inneren zu zerstören.

Müller: Er hätte immerhin sagen können, daß er schon CDU ist...

Falin: Ja, linker Flügel. Weil der rechte von selbst kaputt geht. Wissen Sie, das Ende der Sowjetunion haben nicht die USA, Deutschland oder sonst wer verschuldet, sondern wir selbst. Und in erster Linie Gorbatschow. Ja, die Voraussetzungen waren geschaffen durch den Kalten Krieg, das Totrüsten, aber entscheidende Schläge kamen von innen, nicht von außen. Wiederum falsche Strategien und abenteuerliche Politik. Alles, was vorher existierte, wurde abgeschafft, ohne rechtzeitig Ersatz zu schaffen. Traurig, aber wahr.

Das verbinden Sie mit Gorbatschow?

Falin: Die größten Verdienste in diesem Sinne hat Michail Gorbatschow.

Müller: Gorbatschow war in den letzten Jahren für die DDR irgendwie eine Hoffnungsfigur. Eine Illusion.

Für immer in Hollywood
oder: In Deutschland wird nicht mehr geblinzelt
Ein Gespräch mit Frank Raddatz für »Lettre International«, Heft 24, 1994

Heiner Müller, die deutsche Vereinigung hat sich theatralisch bislang nur kolportagenhaft auf unseren Bühnen niedergeschlagen. Selten schien die Lage so unübersichtlich wie heute.

Kunst braucht Diffusion.
Shakespeares Bilder sind geräumiger als Brechts, weil sie weniger genau sind. Wenn man weniger sieht, beschreibt man mehr. Wenn Robert Wilson seine Arbeit erklärt, kommt er immer wieder auf das Blinzeln zu sprechen. Was sieht man während des Blinzelns? Das Blinzeln gibt stets ein anderes Bild von Welt, von Wirklichkeit. Dieses Bild wird immer vergessen. Es wird weggesehen. Genauso ist es mit Deutschland. In Deutschland wird nicht mehr geblinzelt. Noch nie hat eine Beschreibung von Verhältnissen oder Zuständen so wenig interessiert wie heute. Goethe kam bei dem Versuch zu bestimmen, was die eigentliche Dimension eines Theatertextes sei, zu der Überlegung, daß ein Vorgang theatralisch ist, der nicht nur sich selbst bedeutet, sondern auch für andere Vorgänge steht. Das ist sicherlich richtig. Die gegenwärtig produzierten Texte sind meist Eins-zu-eins-Beschreibungen der Situation nach der sogenannten Wende.

Schiller verlegte die Legitimation des Tyrannenmordes mit Wilhelm Tell in die Schweiz. Er meinte aber die politischen Verhältnisse in Deutschland. Heutigen Feuilletonisten zufolge benutzte Schiller eine Sklavensprache.

Der Topos von der Sklavensprache ist völlig schwachsinnig. Jede Sprache transformiert das Material. So gesehen, kann sie mit gleichem Recht Herrensprache genannt werden. Wenn es bloß darum ginge, die Dinge beim Namen zu nennen, müßte man jede überarbeitete Ausgabe des Brockhaus mit einem Literaturpreis bekränzen. Aber es ist völlig uninteressant, einfach aufzuschreiben, was ist, wenn das Bewußtsein für die zweite Dimension, von der Goethe spricht, für diesen Hintergrund, für diese Folie fehlt. Das Merkwürdige ist, daß dieses »zweite Leben«, dessen Anwesenheit für Valéry das Gelungene von Lyrik ausmacht, offenbar im Schwinden begriffen ist. Es gibt nur noch Oberflächenvorgänge, hinter denen nichts mehr vorgeht. Das ist das Neue: die Substanz ist verbraucht. Ohne Substanz gibt es keine Literatur mehr. Einer der besten Titel Enzensbergers heißt DIE FURIE DES VERSCHWINDENS. Der ist genial. Die neue Erscheinungsform der Kriegsfurie ist die Furie des Verschwindens. Jetzt hat die Furie des Verschwindens die Arbeit der Kriegsfurie: das Vernichten übernommen.

Das hängt damit zusammen, daß immer mehr Realität durch virtuelle Realität verdrängt wird. Dagegen muß Kunst sich wehren. In New York, im Metropolitan Museum, wird zur Zeit der Maler Robert Ryman ausgestellt, der nichts anderes malt, falls das noch so heißen kann, als weiße Flächen. Diese verschiedenformatigen, überwiegend großformatigen weißen Flächen bedeuten das Ende der Reproduzierbarkeit von Kunst. Denn darüber einen Bildband zu machen, wäre Unsinn. Das Verschwinden des Bildes als letzte Erscheinung der Abbildung hält den Tod der bildnerischen Substanz fest. Jetzt zeigt sich, wie eng Kunst, Theologie und Utopie verschränkt sind. Es ist wahrscheinlich ziemlich egal, ob man die Substanz metaphysisch definiert oder Utopie nennt. Die Projektion, die Vorstellung, die Idee einer anderen Realität als der gegebenen ist abhanden gekommen. Ob man diesen Bezugspunkt in der Zeit ansiedelt oder religiös betrachtet, ist ein relativ geringer Unterschied. Aber daß es noch etwas anderes gibt, ist die Voraussetzung von Kunst. Wenn es das andere nicht mehr gibt, ist das eine nicht mehr interessant, nicht mehr beschreibbar. Jetzt fällt diese Relation weg. Kunst lebt von Spannung. Man kann kein Seil spannen, wenn man es nur an einem Ende befestigt. Dann baumelt der Rest nur noch schlapp in den Abgrund. Der Seiltänzer steht arbeitslos herum. Das ist das, was passiert.

Viele 68er kompensieren ihre bewegte Vergangenheit mit einer betont forsch nationalen Haltung. Für sie ist wie für Botho Strauß oder Martin Walser »Deutschland« zum transzendentalen Fixpunkt geworden.

Das Problem ist doch, daß sich jetzt herausstellt, daß auch hinter Deutschland nichts steckt, bzw. das Nichts, daß das metaphysische Äquivalent nicht mehr existiert. Deutschland gibt es nicht.
Im DDR-Illusionsraum dachte man: »Eines Tages kriegen wir die andere Hälfte auch noch.« Im Westen dachte man genauso. Jetzt findet die Vereinigung als das Verschwinden beider Teile statt. Zuerst sah es so aus, als ob dieses Stück DDR einfach einverleibt würde. Das scheint aber nicht zu funktionieren. Jetzt verschwinden beide Teile, und es entsteht ein unbenennbares Vakuum, das von der D-Mark zusammengehalten wird. Auf jeden Fall ist dieses Gebilde keine Nation und kein Nationalstaat, denn niemand weiß, was das eigentlich sein soll. Für Kleist war Deutschland noch eine Idee, eine Utopie. Nach dem Ersten Weltkrieg war die Idee verstümmelt. Mit Hitler nutzte sie nur noch zur Bindung suizidärer Energien. Diese Struktur des Nationalsozialismus, eine suizidäre Bewegung ohne Reserven, macht ihn heute für die verzweifelten Russen zum Faszinosum. Deutschland reduziert sich auf die Währungsunion. Aber Geld ist nicht patriotisch. Wenn es in Taiwan oder sonstwo mehr

abwirft, wandert es dorthin. Da kann man nichts machen. Da kann Helmut Kohl noch so über die mangelnde Investitionsbereitschaft der deutschen Banken in Ostdeutschland klagen. Es gibt kein nationales Geld.
Mittlerweile ist Geld der einzige Wert, auf den hin Orientierung realistisch ist oder sogar möglich ist. Ab einem bestimmten ökonomischen Niveau verzehrt es die Idee des Nationalstaats. Am Gebäude der Deutschen Bank in München, Maximilianstraße, steht: »Aus Ideen werden Märkte«. Jetzt ist der Ideenhimmel verbraucht. Deutschland ist zu einem Markt unter vielen geworden, der weder Hintergründe noch metaphysische Reserven mehr besitzt. Deutschland ist ortlos. Es ist, was Hölderlin in den Anmerkungen zu ÖDIPUS und ANTIGONE einen »leeren Transport« nennt. »Der tragische Transport ist recht eigentlich leer.« Es gibt nur noch Märkte, und dadurch entsteht eine ungeheure Leere. Die Frage ist, ob der Mensch das aushält. In Nietzsches Nachlaß findet sich der Satzsplitter: »Die Menschheit braucht ein neues Wozu.« Wenn das nicht gefunden wird, werden sich die jugoslawischen Verhältnisse ausweiten.
Dieses ganze Balkanmassaker ist nichts anderes als Sinnsuche. In Bosnien wird jetzt bis zum bitteren Ende weitergemacht, weil sich die Nachbarn von gestern nicht mehr in die Augen gucken können. Obwohl niemand in Europa ein Interesse hat, den Konflikt am Laufen zu halten, wird trotzdem weitergemacht. Das ist eine neue Qualität. Krieg wird zur reinen Sinnsuche. Es ist so gesehen eher ein Religionskrieg als ein nationalistischer. Es ist ein metaphysischer Krieg.
Das menschliche Bedürfnis nach Werten ist existentiell. Ohne Werte gibt es nur blinde Gewalt, reduziert sich Welt und Geschichte auf blinde Aktion und Kapitalbewegung. Von hier aus läßt sich erst der romantische Wunsch von Botho Strauß nach Königen verstehen. Es ist ein ehrliches Bedürfnis nach einem Wiederaufleben

der Monarchie, nach einer Königsfigur. Das kann man schnell als reaktionär abtun, aber es ist mit einer politischen Wertung überhaupt nicht erfaßt. Es geht um ein metaphysisches Defizit. Strauß artikuliert die Sehnsucht nach einer Welt jenseits von Verwaltungsbeamten und Funktionären, jenseits von blinder Aktion und Kapitalbewegung.

In Strauß' SCHLUSSCHOR heißt es sinngemäß: »Könige wird es immer geben, ob sie erkannt werden oder nicht.« Da wird der Monarch zum Märchenprinz.

Es wäre falsch, Bloch, bei allem Fortschrittsglauben, und was man sonst gegen ihn einwenden kann, pauschal zu verwerfen. Er hat damit recht, daß in dem Märchenbedürfnis und den Traumbildern völlig unentdeckte Energien stecken, die weithin unterschätzt werden. Ich war neulich in Bukarest. Die Umsetzung von Ceauşescus Wahnsinn in Architektur, eine Mischung aus Hollywood und Babylon, rottet in aller Stille vor sich hin. In einer orthodoxen Kirche zündete eine 80jährige Kerzen für die Verstorbenen an und wollte von der Gruppe französischer Intellektueller, mit der ich unterwegs war, wissen, wo in Frankreich die Wallfahrtskirche für Jeanne d'Arc sei. Natürlich wußte es niemand. Die Frau wollte eine Wallfahrt zu dieser Kirche unternehmen, weil Jeanne d'Arc ihrer Meinung nach die Monarchie gerettet hat.
Die Frau hatte völlig recht. Die Monarchie wäre die einzige Lösung für diese Länder. Denn sonst endet der Versuch, denen die westliche Demokratie überzustülpen, in einem fürchterlichen Blutbad. In fünf Jahren könnte man dann den Monarchen totschlagen. Und er trüge an allen Widrigkeiten, die während der Übergangsphase eintreten, die Schuld. Der Erlöser als Sündenbock am Kreuz.
Was Strauß, wie verquast auch immer, in seinen BOCKS-

GESÄNGEN artikuliert, ist als Symptom ernst zu nehmen, nicht als historischer Entwurf. Daß er Antennen für Erfahrungen hat, die er nie ganz formulieren kann, oder daß er nicht formulieren kann, was er sagen will, macht ihn für Theater interessant. Es gibt seinen Texten manchmal etwas seltsam Schillerndes. Die Form triumphiert nicht über die Materie oder den Gegenstand.
Natürlich ist der Wunsch nach einem König regressiv. Ein Rückfall in die Kindheit, für Kinder gibt es Könige. Auf der Ebene der Formulierung kann man mit Hans Henny Jahnns KRÖNUNG RICHARDS III. antworten. Richard hat einen deutschen Orgelbauer zu sich bestellt, um eine Orgel bauen zu lassen. Den schickt er dann mit dem Argument, daß die Zeit der Könige vorbei sei, nach Hause: »Es ist der Leib, den hohe Herren tragen, nicht länger heilig wie zuvor . . . Entferne Dich, denn ich muß schreien. Weh mir, ein neuer Tag ist da, und ich bin einsam in dem Licht.«
Aber der Intention liegt das Bedürfnis nach Königen zugrunde, das in der deutschen Geschichte nie befriedigt wurde. In Strauß' Kinderwunsch artikuliert sich das kollektive Leiden, daß nie ein »guter« König wie Friedrich II., der Staufer, oder Bayerns Märchenkönig Ludwig II. im Zentrum der deutschen Geschichte stand. Das muß man ernst nehmen, denn im Grunde ist die ganze deutsche Dramatik eine Suche nach einer Königsfigur, die es in Deutschland nie gegeben hat. Außer diesem Irrtum – Friedrich der Große, der für eine ganze Epoche die Zentralfigur war. Goethe hat es formuliert: »Wir waren alle fritzisch gesinnt«. Trotz allem, was dagegen sprach – dessen Verachtung der deutschen Sprache und der deutschen Literatur –, avancierte er zum Märchenkönig der Deutschen, denn man brauchte einen. Eigentlich war Friedrich der Große eine Kaspar-Hauser-Figur. Ein Gnom, der den Hofzwerg abgeben konnte. Kaspar Hauser ist ein zutiefst deutscher Mythos. Mit ihm wird auf

den Mangel einer strahlenden Königsfigur reagiert. Die Hoffnung aufrechterhalten, daß sich in dem Zurückgebliebenen ein Prinz verbirgt. Kaspar Hauser ist ein Froschkönig. Gesucht wird der Frosch, in dem ein Prinz versteckt ist, der Prinz im Frosch. Deswegen kommen so merkwürdige Figuren hoch wie Hitler, der schon von der Erscheinung her mehr Frosch als König war. Deutschland hatte nie einen König und hat nie einen gefunden. Diese ganze aufgestaute kollektive Kindersehnsucht nach einem König konnte Hitler für sich mobil machen.

Selbst die Revolte orientiert sich in Deutschland noch an der Vaterfigur. Daß in Schillers RÄUBERN *der deutsche Rebell, der aufständische Sohn, Karl Moor, die Versöhnung mit dem Vater sucht, nimmt schon das spätere Scheitern der bürgerlichen Revolution von 1848 und die sich daraus ergebenden verhängnisvollen geschichtlichen Kompromisse vorweg.*

Die Deutschen sind nie im Gehorsam zur Ruhe gekommen. Deutschland verehrt die Väter. Nie die Söhne. Das sieht man an Luther. Der ist eine Brutusfigur – oder ein Hamlet. Brutus und Hamlet sind verwandt. Luther, als typischer Sohn, spielt in der deutschen Dramatik überhaupt keine Rolle. In Deutschland geht es immer um den König, den man nie hatte und nie fand. Das ist die Basis des Stalinkults vieler deutscher Intellektueller. Auch, daß Brecht Lenin völlig kritiklos gegenüberstand, gehört zu diesem Phänomen. Ein Intellektueller wie Plechanow empörte sich über Lenins primitive Brutalität im Schach, weil dessen Hauptmittel das Bauernopfer war, worauf man erst als letztes zurückgreift. Brecht wäre nie fähig gewesen, diesen Wesenszug an Lenin überhaupt wahrzunehmen. Lenin war für Brecht eine Ikone. Als die Deutschen es mit einem wirklichen König zu tun bekamen, war es der falsche, schon rein geographisch – Napoleon. Kleist ist daran zerbrochen. Durch Grabbe läuft der Riß mittendurch. Mit Napoleons Sturz endet bei ihm der Vers. Dann kommt nur noch lakonische Prosa. Die kurze Begegnung 1808 zwischen dem neptunischen Goethe und dem vulkanischen Napoleon, so charakterisiert Valéry die beiden, reichte nicht, um sich auf die deutsche Geschichte auswirken zu können. Napoleon scheiterte an Rußlands »heiliger Erde«, eine Form, auf die Stalin im Zweiten Weltkrieg zurückgriff, und Goethe hatte sein Sankt Helena in Weimar bereits gefunden. Aber daß Deutschland am liebsten Napoleon zum König gehabt hätte, wagte nur Heine zuzugeben: »So will ich liegen und horchen still / Wie eine Schildwach, im Grabe, / Bis einst ich höre Kanonengebrüll / Und wiehernder Rosse Getrabe.// Dann reitet mein Kaiser wohl über mein Grab, / Viel Schwerter klirren und blitzen; / Dann steig ich gewaffnet hervor aus dem Grab – Den Kaiser, den Kaiser zu schützen.«

Alexander Kluge hat die Anekdote ausgegraben, daß Blüchers Pferd in der Schlacht von Ligny erschossen wurde und Blücher mehrere Stunden hilflos darunter lag. Blücher glaubte, daß er währenddessen von einem französischen Sergeanten vergewaltigt wurde und daß der ihn geschwängert hätte. Er zeigte auch die entsprechenden Symptome. Nach dem Sieg über Napoleon war er der Star auf den Siegesfeiern in London, wo die Partygäste regelmäßig peinlich berührt reagierten, wenn er ihnen erzählte, daß er im 8. Monat sei und bald entbinden würde. Der Punkt ist, daß er nur als Frau maskiert Napoleon besiegen konnte. Die Rolle des Brutus konnte dieser preußische Adlige nicht spielen.

Cäsar – nicht der Mensch, der Typus – ist der Dreh- und Angelpunkt der römischen und damit der europäischen Geschichte. Mit Augustus, der selbst eine mittelmäßige Figur war, aber das Symbol eines Herrschers, der beruhigt, stabilisiert, fing die Vergottung an. Das imperiale Vorbild war Alexander der Große. Aber der ist ein Held und kein Gott, keine Struktur, die das Reich über den eigenen Tod hinaus zusammenhalten konnte. Das Muster wirkt bis heute. Kennedy wurde bis in die Sexualgewohnheiten von einer Werbefirma nach dem Modell Cäsar aufgebaut. Cäsar trug den Spitznamen »maechus calva« – der kahle Ehebrecher. Wenn Cäsar irgendwo durchzog, wurden Spottlieder gesungen: »Macht die Haustür zu, sperrt eure Weiber ein, der kahle Ehebrecher kommt.« Das war bei Kennedy ähnlich. Zu diesem Programm gehört auch eine Kleopatra-Figur wie die Monroe, die ganz nach Shakespeares ANTONIUS UND KLEOPATRA durch Selbstmord ums Leben kommt.

Die Vergottung Lenins beginnt mit Majakowskijs: »Lenin ist lebendiger als jeder Lebende.«

Das ist die Sehnsucht nach dem Ursprung. Lenin war das Ursprüngliche. Stalin war das Reale. Lenin war die Möglichkeit. Gerade als Toter.

In Brechts GALILEI heißt es: »Nur die Toten lassen sich nicht durch Gründe bewegen.«

Brechts Intention ist klar. Aber die Intention ist nicht der Text. Im Text ist auch die Überlegenheit der Toten mitformuliert. Mit den Toten kann man nicht diskutieren. Was sich nicht bewegen läßt, ist ewig. Die Toten sind der archimedische Punkt. Nur mit den Toten kann man die Welt aus den Angeln heben, denn sie selber bewegen sich nicht. Zugleich ist die Hoffnung darin enthalten, daß die Grenze zwischen Lebenden und Toten porös wird. Wenn der Zweifel an der Veränderbarkeit der Welt wächst, verstärkt sich der Wunsch, mit den Toten Kontakt aufzunehmen. Die Horrorfilm-Kultur tritt an die Stelle des Sozialistischen Realismus. Auch die Zunahme pittoresker Gewaltverbrechen, wie der Kopfabschneider von Berlin, der die Seele seiner Opfer befreien will, lassen sich als metaphysische Schreie nach dem anderen deuten.

In Jurij Mamleews MÖRDER AUS DEM NICHTS tötet Fjodor Sonnow, um sich mit den Seelen der Opfer zu unterhalten.

Die literarischen Energien wandern immer mehr in die Geschichtsschreibung ab. Das fing mit Mommsen an. Das sind alles Reaktionen auf die Abschaffung Gottes durch die Aufklärung. Die wichtigste Eigenschaft Gottes war nicht seine moralische Qualität – an die konnte ernstlich sowieso niemand glauben –, sondern daß er die Unsterblichkeit der Seele samt der Auferstehung garantierte. Die Aufklärung machte den Friedhof, die geweihte Erde, zum Brachfeld.
Dieses Zeitalter des Nihilismus, wie Nietzsche es beschrieben hat, und in dem wir uns befinden, kann allein überwunden werden, wenn sich die Gesellschaft ihrer Verantwortung für die Toten bewußt wird. Nachdem die Macht der Kirche geistig zerschlagen wurde, müssen die kulturellen Ressourcen jetzt für den Umgang mit den Toten genutzt werden. Das Niveau einer Kultur bestimmt sich daran, wie sie mit den Toten umgeht. Das ist der notwendige Schritt der Kunst ins Jenseits der Metaphysik. Wenn die Kultur diesen Schritt macht, brauchen weder literarische Potenzen Historiker zu werden, noch verrückte Mörder metaphysische Schanzarbeiten zu verrichten.
Vorstellbar wäre, daß man ein Museum einrichtet, eine Art Nekropolis, wo bestimmte Leute, die man auslost oder nach irgendeinem soziologischen Querschnitt ermittelt, nach ihrem Tode ein Zimmer bekommen. Wo

man anhand ihrer Habe, ihrer alltäglichen Gebrauchsgüter vom Hosenknopf bis zum Feuerzeug, also mit den Gegenständen, die in einem Leben so anfallen, ihr Leben dokumentiert. Das Museum des Lebens, als säkulare Antwort auf die Pyramiden. Eigentlich hat jeder Mensch Anspruch darauf, daß sein Leben in dieser Form dokumentiert wird. In einer post-nihilistischen Kultur ist die Dokumentation des Lebens anonymer Personen der zentrale Gegenstand von Kunst. Sonst hat Kunst keine Zukunft.

Die Schüler könnten sich im Werkunterricht ihre Grabbeilagen schnitzen.

Ein Mittelalterspezialist hat den Ursprung des Purgatoriums als Geldwaschanlage dargelegt. Wucherer und andere, die mit Geld zu tun hatten, mußten ins Purgatorium, um gereinigt zu werden. Diesen Kot durfte man nicht ins Paradies tragen. Das wäre die zweite Aufgabe der Kunst bei der Umwertung der Werte: die Toten vom Dreck des Geldes zu befreien.

In Schnitzlers Roman DER WEG INS FREIE *wird eine Oper skizziert, wo der Protagonist eine Schiffsreise antritt. Er weiß nicht, wie lange die Reise geht, aber daß sein Mörder an Bord ist, der ihn erst nach Ablauf der Reise töten wird. Am Ziel angekommen, bringt er sich selbst um.*

Benjamin hat beschrieben, daß es der Hauptzweck der bürgerlichen Gesellschaft ist, den Tod zu verdrängen. Wenn der Maßstab einer Kultur ist, wie man mit den Toten umgeht, wieviel Wert man auf die Toten legt, beschreibt Schnitzler ein Bild des Endes: daß die bürgerliche Gesellschaft dem Tod nicht mehr ins Auge sehen kann. Wer nicht sterben kann, kann auch nicht leben.

Ansonsten ist es ein Gesellschaftsmodell aus der Sicht von Versicherungen, die eine der geheimen Mächte bilden. Das ist die Welt Kafkas. Das kann man weiterspinnen. Jedem wird bei der Geburt schon sein Mörder zugewiesen, den kennt nur die Versicherung. Das Leben besteht darin, herauszufinden, wer dein Mörder ist, mit ihm zu spielen, den Zeitpunkt hinauszuzögern, wo er in Aktion tritt. Andererseits ist jeder auch ein Mörder, dem sein Opfer benannt ist. Es wäre eine Möglichkeit, den Tod aus der Verdrängung herauszuholen, indem er personalisiert wird. Das ist eine Canetti-Konstruktion. In Canettis Stück DIE BEFRISTETEN sind manche Menschen unsterblich. Andere kennen ihr Sterbedatum. Daraus ergeben sich Konflikte. Im Theater kann das kaum funktionieren. Da braucht man den Freiraum, das Schicksal, den Zufall, was auch immer. Man kann sowas erfinden, entdecken, erzählen. Aber man kann kein Buch mehr daraus machen wie Schnitzler. Das wäre Zeitverschwendung.

In der Literatur gibt es nur den einen Weg in Richtung eines karnevalistischen Klassizismus, wo mit Säulen jongliert wird. Was jetzt geschrieben wird, ist meist schwachsinnig, weil es reaktiv ist. Reaktive Literatur ist keine Literatur. Dazu kommt das Problem, daß es keinen fiktiven Dialog mehr gibt. Eine Szene kann einem ganz klar sein, man kann es sich genau vorstellen, man kann es alles denken, aber den Dialog schreiben kann man nicht mehr. Eigentlich kann man nur noch in Zitaten miteinander reden. Das hat mit Freuds These zu tun, daß gesprochene Texte im Traum immer erinnerte oder zitierte Texte sind. Es gibt keine originären Texte in Träumen. Wir sind in einer solchen Traumphase. Das ist wie ein Stillstand von Dialektik. Eine angehaltene Zeit. Da staut sich alles, was war. Das ist verfügbar, aber Neues ist nicht greifbar.

Nietzsche kam über die Beschreibung des Nihilismus theoretisch nicht hinaus. Die Umwertung der Werte ließ sich nicht positiv formulieren.

Er ist so lange mit dem Kopf gegen diese Stau- oder Zeitmauer gerannt, bis der Kopf kaputt war.
Das allgemeine Lebensgefühl ist, daß man in einem Geschoß sitzt, das man nicht steuern kann. Es gibt ein Gefühl von Schwerelosigkeit – das Raumschiff Erde. Das ist die positive Erfahrung der Hilflosigkeit. Man sitzt nicht am Steuer und kennt den Mechanismus nicht, um es im Notfall zu bedienen. Aber das Ding fliegt. Das ist das Grundgefühl. Man ist schwerelos, hat keine Verantwortung. Alles ist gut. Alles ist Spiel. Wenn man aber einen hellen Moment hat, merkt man, wie die Substanz im Design verschwindet. Die Menschen werden von den Body Snatchers bei lebendigem Leib von innen ausgehöhlt. Die Body Snatchers tauchten zuerst in der McCarthy-Ära auf. Es sind außerirdische Pflanzenwesen, die Menschen doubeln oder klonen können. Deine Freundin sieht so aus wie immer. Sie hat nur einen etwas anderen Blick. Sie ist von den »Anderen« geklont. Aber da wird es kalt. Sie ist nur noch die perfekte Abbildung und Hülle. Da frißt ein metaphysischer Virus.

Diese Leichtigkeit ist erkauft mit einem Verlust an Empathie. Das Elend anderer oder der Autounfall wird zum ästhetischen Ereignis.

Die totale Mechanisierung des Alltags bleibt nicht ohne Folgen. Die Kinder wachsen immer mehr damit auf, daß Bilder die Gegenstände ersetzen. Die Kinder werden früher mit virtueller Realität vertraut als mit wirklicher Realität. Das erste ist immer das Wirklichere. Das Fernsehen ist die tote Großmutter, die grausame Geschichten erzählt. Dadurch werden sie selber auch virtuelle Reali-

tät, so daß die normalsten menschlichen Reflexe nicht mehr da sind.
Schlägereien hat es immer gegeben. Es stirbt auch mal jemand dabei. Doch wenn der Gegner unten lag, hörte man auf. So war das früher.
Heute geht es dann erst richtig los. Und man tritt so lange mit den Stiefeln an den Kopf, wie es Spaß macht. Durch das Fernsehen können ein paar Schaltungen nicht ausgebildet werden. Es gab wahrscheinlich immer ein gewisses Volumen von Gewalt in der Welt. Jede neue Gesellschaftsformation, jede Revolution war eine Umverteilung von Gewalt und von Aggressionspotentialen. Aber jetzt passiert was Neues. Immer mehr Hemmschwellen fallen weg.
Arnold Gehlen meint, daß die einzig wirkliche Revolution dieses Jahrhunderts in der Verlagerung des Umgangs mit organischer auf den mit unorganischer Materie besteht. Das nennt er die anthropologische Revolution. Die verändert den Menschen. Es ist ein anderer Mensch, der eine Melkmaschine anschließt, als der, der mit den Händen melkt. Das Zwischenschalten von Apparaten brutalisiert. Da immer mehr Apparate und Maschinen zwischen Mensch und Mensch stehen, nimmt die Brutalisierung zu. Zum Effekt dieser Zeitmauer gehört auch, daß man das Gefühl hat, man bewegt sich in die Vergangenheit und nicht mehr in die Zukunft.

Foucault meinte schon 1977, daß wir immer mehr auf die Positionen von 1830 zurückgeworfen werden, in eine Epoche der Restauration, ohne allerdings noch den Wind der Aufklärung und der Französischen Revolution im Rücken zu haben.

Das ist die optimistische Variante. Die Beziehung zur römischen Kaiserzeit, die das Jahrhundert der Revolution beendete, ist viel naheliegender. In seiner Horaz-Biographie beschreibt Eckhard Lefèvre das augusteische Zeitalter als Zeitalter der Restauration. Die Parallele ist schlagend. Nach der Zeit der Bürgerkriege kam der große Befrieder Augustus, und die enttäuschten Revolutionäre zogen sich auf ihre Landgüter zurück und schrieben Gedichte – korrumpiert und produktiv. Ab und zu gab es einen kleinen Grenzkrieg. Aber es passierte nichts Aufregendes mehr.

So wie in Kuwait oder Somalia.

Diese UNO-Aktion in Somalia ist wie eine mexikanischer Witz: »Pedro, I am a killer. I am a professional killer. But, Pedro, you are my friend, I kill you for nothing.« Die These von Jean-Christophe Rufin in DAS REICH UND DIE NEUEN BARBAREN, daß die Römer nach dem Fall von Karthago einen neuen Feind erfinden mußten, um das Gleichgewicht zu halten, ist sehr einleuchtend. Plötzlich war Rom allein auf der Welt. Da konzentrierte man sich auf die Barbaren. Das waren so diffuse Bewegungen irgendwo am Rand, die man weder kontrollieren noch definieren konnte. Ab und zu gab es einen Überfall der Goten, die vor den Hunnen flüchteten und deshalb auf dem Gebiet vor Byzanz erschienen. Da war der Limes eine stabilisierende Erfindung. Ab und zu machte man eine Strafexpedition in den germanischen Urwald. Dann zog man sich wieder hinter den Limes zurück. Die Parallele zu heute liegt auf der Hand.

Erst durch den Fall der Mauer konnte man im Westen merken, daß sie auch als Mauer gegen Geschichte funktionierte. Sie übernahm im Raum, was die heilige Stunde Null in der Zeit ist. Jetzt sehen die Grünen und die SPD tatenlos zu, wie in großem Stil Rittergüter auf Kosten der Allgemeinheit an Privatpersonen zum Nulltarif verscherbelt werden. Schon dieses Thema überhaupt anzuspre-

chen, gilt als degoutant. Die DDR wird nicht nur unabhängig vom Zweiten Weltkrieg und Kalten Krieg diskutiert, sie wird als das Dritte Reich/Teil II begriffen. Auf einmal muß die Bundesrepublik Geschichte in ihren politischen Gesamtkörper aufnehmen. Das ist wie eine Vergiftung, eine Kontamination.

Da kann man sich nur zurückziehen, zum »LESEN DES HORAZ«, wie Brecht in sein Landhaus in Buckow. »Selbst die Sintflut/ dauerte nichte ewig./ Einmal verrannen/ die schwarzen Gewässer./ Freilich, wie Wenige/ dauerten länger!« Horaz hatte erst mit Brutus gekämpft, nach der Niederlage bei Philippi aber rechtzeitig die Flucht ergriffen und die Seite gewechselt. Er hat sich mit der Erinnerung an das, was war, eingerichtet. Daraus entsteht eine kolloquiale Form von Lyrik. Eine Gelassenheit, die den Schmerz in Eleganz versteckt. Seine Episteln und Satiren sind ein einziges Geplauder. Ab und zu kommt ein Funken hoch, der mit Form beruhigt wird. Horaz ist die Verabsolutierung der Form, aus der Notwendigkeit, sich mit einer Realität abzufinden, die man sich eigentlich ganz anders geträumt oder vorgestellt hatte. Es ist eine Form, die alles aufnehmen kann. Sie ist nicht klassizistisch. Sie schließt keine Realität aus. Die Form dient als Schutz gegen Erfahrungsdruck. Im Grunde genommen war es für Horaz eine Situation wie für Brecht in Hollywood. Nur ohne Rückkehr. Für immer in Hollywood. Nach dem 17. Juni war Brecht dann wieder in Hollywood. Buckow war Hollywood.

Ein Votum für die Gelassenheit, für Goethe, ist auch ein Abschied von der Revolte, von Schiller.

Wenn man älter wird als Schiller, steht einem Goethe näher. Man kann mit Schiller nicht 65 werden.

Und mit Kleist?

Das ist etwas anderes. Kleist ist etwas Fremdes. Das Fremde will man eigentlich sein. Deswegen ist Kleist so interessant. Mit Schiller kann man sich identifizieren, wenn man 20 ist oder 30. Mit 40 wird es schwieriger, ab 50 ist es unmöglich. Wenn man so alt wird, schafft man das nur um den Preis der Unschuld. Da hat man Einsicht in die eigenen Irrtümer, Kompromisse, Schwachheiten. Goethe hat aus einem ganz ähnlichen Grund in seinem poetischen Nachruf auf Schiller formuliert: »Und hinter ihm in wesenlosem Scheine, / lag, was uns alle bändigt, das Gemeine.« Ohne Umgangsform mit dem Gemeinen kann man zumindest in den bisherigen Gesellschaften nicht so alt werden. Man muß eine Umgangsform mit dem Gemeinen in jedem Sinn, den man da hineinlegen kann, entwickeln. Das brauchte Schiller nicht. Der schrieb, seitdem er wußte, daß er krank war, auf den Tod hin. Da ist Goethe als pragmatischer Zyniker das bessere Modell.

REGISTER

Adenauer, Konrad 210 f
Adorno, Theodor W. 158
Altdorfer, Albrecht 25
Anderson, Sascha 179
Augstein, Rudolf 128

Barthel, Kurt 150
Baselitz, Georg 146
Becker, Jurek 182
Beckett, Samuel 13 f
Benjamin, Walter 123, 193, 204, 224
Benn, Gottfried 169
Berghaus, Ruth 134, 151
Berija, Lawrentij Pawlowitsch 211 f
Besson, Bruno 180
Biermann, Wolf 60, 79, 114, 160, 180, 182 f
Bloch, Ernst 32, 86 f, 194, 218
Blücher, Gebhard Leberecht v. 221
Böhmel, Bernd 144, 203
Böll, Heinrich 127
Bohley, Bärbel 201
Boulez, Pierre 126
Brasch, Thomas 79
Braun, Volker 119, 126, 130, 177, 183
Brecht, Bertolt 29, 79, 83, 115, 118 121, 123, 126 f, 131, 137, 147, 150, 164, 180, 191, 196 f, 214, 220, 229

»Der gute Mensch von Sezuan« 163
»Leben des Galilei« 222
»Lob des Zweifels« 181
»Die Maßnahme« 58, 169
»Mutter Courage und ihre Kinder« 90
»Der Untergang des Egoisten Johann Fatzer« 128
Broder, Henryk M. 189
Brombacher, Ellen 191
Brook, Peter 71
Buhr, Manfred 169
Buonaparte, Napoleon 126, 221
Busch, Wilhelm 30

Canetti, Elias
»Die Befristeten« 225
Ceaușescu, Nicolaie 218
Chaplin, Charles 120, 195
Chruschtchow, Nikita, 210 f
Churchill, Winston 207
Cortès, Donoso 169

Dante Alighieri
»Göttliche Komödie« 158
Dessau, Paul 148
Deutscher, Isaak 208
Dieckmann, Friedrich 177
Domdey, Horst 201
Dresen, Adolph 197 f
Dubček, Alexander 79
Dürrenmatt, Friedrich 164
Dulles, Allan Welsh 210

Ehrenburg, Ilja 194
Eisenstein, Sergej
 »Oktober« 142
Eisler, Georg 105 f
Eisler, Gerhart 106
Eisler, Hanns 106
Elias, Norbert 138
Eliot, T. S. 158
Eörsi, Istvàn 66
Engel, Wolfgang 53
Enzensberger, Hans Magnus
 »Die Furie des Verschwindens« 215

Foucault, Michel 78, 151, 153, 227
Freud, Sigmund 225
Fuchs, Jürgen 72

García Márquez, Gabriel 120, 126
Gaulle, Charles de 127
Gehlen, Arnold 227
Genet, Jean 157
Girnus, Wilhelm 159 f
Girod, Wilhelm 180 f, 184 f, 187
Godard, Jean Luc
 »Weekend« 168
Göbbels, Heiner
 »Der Mann im Fahrstuhl« 37
Goethe, Johann Wolfgang v. 61, 214 f, 219, 221, 229 f
 »Faust« 124, 166
 »Iphigenie auf Tauris« 63, 127
 »Wilhelm Meister« 163
Gorbatschow, Michail, 48, 65, 91, 114, 175, 185, 187, 213
Gotsche, Otto 200
Gramsci, Antonio 81
Grass, Günter 127, 135
Graubner, Gotthard 146
Greene, Graham 141
Grotewohl, Otto 209
Groys, Boris 155

Hager, Kurt 141, 181, 183, 185
Havel, Václav 52
Heartfield, John 126
Heidegger, Martin 188
Hein, Christoph 88
Heine, Heinrich 221
Heise, Thomas 169
Henselmann, Hermann 199
Herder, Johann Gottfried v. 92
Hermlin, Stephan 79, 115, 196
Hernstadt, Rudolf 198
Herzinger, Richard 193 201
Heym, Stefan 182, 196, 199
Hitler, Adolf 35, 76, 78, 88, 97, 127, 138, 156, 202 f, 205 ff, 208 f, 212, 216, 220
Hölderlin, Friedrich
 »Antigone« 217
 »Ödipus« 217
Höpcke, Klaus 202
Hofmannsthal, Hugo v. 191

Honecker, Erich 39, 67, 79, 88 f, 103, 180, 183, 185, 187, 203
Horaz 227, 229
Horváth, Ödön v. 26

Irrlitz Gerd 177

Jahnn, Hans Henny
 »Krönung Richards III.« 219
Janka, Walter 62, 68, 103
 »Schwierigkeiten mit der Wahrheit« 61
Jens, Walter 146, 161, 177 f
Jünger, Ernst 177 f, 193
 »Der Arbeiter« 155

Kafka, Franz 225
 »Das Stadtwappen« 123
Kant, Hermann 173
Karge, Manfred 180
Kaspar Hauser 219 f
Kennedy, John F. 222
Kleinschmidt, Sebastian 177
Kleist, Heinrich v. 216, 221 229 f
Kluge, Alexander 221
Koch, Gerd 177
Kohl, Helmut 71, 74 f, 81 111, 124, 131, 217
Koplowitz, Jan 200
Kraus, Karl 170
Krenz, Egon 39, 43, 45 f, 48 56, 65, 67
Krüger, Ingrid 177
Krug, Manfred 114

Kunert, Günter 146, 182
 »Wegschilder und Mauerinschriften« 150
Kurosawa, Akira 120, 126

Laclos, Cholderlos de 123
Langhoff, Matthias 180
Lefèvre, Eckard 228
Lenin, Wladimir Iljitsch 35, 51, 81, 88, 91, 104, 137, 148, 151, 220, 222
Liebermann, Max 118
Liebknecht, Karl 91, 104, 106
Loest, Erich 72
Ludwig, Peter 99
Lüpertz, Markus 146
Luther, Martin 220
Luxemburg, Rosa 91, 104, 106

Majakowskij, Vladimir 222
Mamleew, Jurij
 »Mörder aus dem Nichts« 223
Mann, Heinrich 118, 126 f
Mao Tse Tung 203
Marx, Karl 35, 107 f, 116, 121, 135, 145, 151, 154, 193
Maschke, Günter 169
Masur, Kurt 39, 67, 84
Michelangelo 125
Mittenzwei, Werner 160
Molière, Jean Baptiste 60
Monroe, Marilyn 222
Münz, Rudolf 160

Murdoch, Ed 120

Natta, Alessandro 66
Nietzsche, Friedrich 217, 223, 226
Nostradamus 93
Novalis 163

Occhetto, Achille 66

Palitzsch, Peter 151
Pforte, Dietger 177
Picasso, Pablo 120
Pieck, Wilhelm 209, 212
Plechanow, Georgij Walentinowitsch 220

Racine, Jean 60
Richter, Gerhart 146
Roda Roda 203
Roosevelt, Theodor 205, 207
Roth, Philip 117
Rufin, Jean-Christophe
 »Das Reich und die neuen Barbaren« 228
Ryman, Robert 215

Sartre, Jean-Paul 113, 194
Schäffer, Fritz 210
Schiller, Friedrich 130, 159, 229 f
 »Die Räuber« 220
 »Wilhelm Tell« 70, 214
Schklovskif, Victor 142
Schlesinger, Klaus 179, 184
Schmitt, Carl 169

Schnitzler, Arthur 69
 »Der Weg ins Freie« 224
Schukow, Georgij Konstantinowitsch 144, 204
Schulze, Dieter 175, 185
Schwarzenegger, Arnold 128
Seghers, Anna 118, 126
Selbmann, Fritz 197 f
Shakespeare, William 117, 158, 214
 »Antonius und Kleopatra« 222
 » Hamlet, Prinz von Dänemark« 44, 61, 63, 70, 87
 »Macbeth« 163
Sorge, Richard 206
Soyinka, Wole 126
Stadelmaier, Gerhard 134
Stalin, Jossif Wissarionowitsch 34 f, 81, 87 f, 91, 97, 118, 127, 131, 144, 155 f, 203 f, 205 ff, 208 f, 212, 221 f
Strauß, Botho 216 ff
 »Anschwellender Bocksgesang« 219
 »Schlußchor« 218
Strehler, Giorgio 126
Suslow, Michail Andrejewitsch 202

Thomas, Ross 205
Tournier, Michel 126
Trotzkij, Leo 161, 204
Truman, Biron 206
Turner, Joseph Mallord William 25

Ulbricht, Walter 103, 115, 198 ff, 209 ff

Valéry, Paul 215, 221
Valentin, Karl 31
Voltaire 127

Wagner, Richard
 »Tristan und Isolde« 129
Wagner, Wolfgang 205
Walser, Martin 216
Wegner, Bettina 179, 185

Wekwerth, Manfred 96, 183
Wenders, Wim 126
Wilson, Robert 214
Wolf, Christa 84, 119, 126, 134 f, 179, 185
 »Was bleibt« 112
Wolf, Konrad 183
Wolff, Friedrich 185

Zaisser, Wilhelm 198
Zweig, Arnold 118, 126

WERKE HEINER MÜLLERS

Der Auftrag 74, 163
Der Bau 160
Der Findling 123 f
Hamletmaschine 73
Krieg ohne Schlacht 179
Der Lohndrücker 133, 149, 164
Der Mann im Fahrstuhl 10 f, 37
Mauser 123 f
Philoktet 160 ff
Quartett 123 f, 152
Selbstkritik (aus Gedichtzyklus: Fernsehen) 148 ff
Die Umsiedlerin 188
Wolokolamsker Chaussee 123
Zement 151, 182

Heiner Müller, geboren am 19. 1. 1929 in Eppendorf/
Sachsen. Seit 1957 Schriftsteller und Dramaturg. 1959
Heinrich-Mann-Preis (zusammen mit Inge Müller), 1979
Mülheimer Dramatikerpreis, 1985 Hörspielpreis der
Kriegsblinden, 1985 Georg-Büchner-Preis, 1986 Natio-
nalpreis Erster Klasse der DDR, 1990 Kleist-Preis, 1990
Präsident der Akademie der Künste Berlin/Ost, 1991
Europäischer Theaterpreis, seit 1992 Leitungsmitglied
des Berliner Ensembles. Heiner Müller lebt in Berlin.

Buchpublikationen: *Der Lohndrücker*, Berlin/DDR
1959; *Philoktet, Herakles 5*, Frankfurt am Main 1966;
Geschichten aus der Produktion 1, Berlin 1974; *Die Umsiedlerin oder Das Leben auf dem Lande*, Berlin 1975;
Theater-Arbeit, Berlin 1975; *Der Bau, Die Bauern, Der
Lohndrücker*, Berlin/DDR 1975; *Stücke*, Berlin/DDR
1975; F. Gladkow/H. Müller, *Zement*, Leipzig 1975; *Die
Schlacht, Traktor, Leben Gundlings Friedrich von Preu-
ßen Lessings Schlaf Traum Schrei*, Berlin/DDR 1977;
Germania Tod in Berlin, Berlin 1977; *Mauer*, Berlin
1978; *Der Auftrag, Der Bau, Herakles 5, Todesanzeige*,
Berlin/DDR 1981; *Der Auftrag*, Frankfurt am Main
1981; *Macbeth*, Frankfurt am Main 1981; *Leben Gundlings Friedrich von Preußen Lessings Schlaf Traum
Schrei*, Frankfurt am Main 1982; *Rotwelsch*, Berlin 1982;
Herzstück, Berlin 1983; *Die Bauern, Macbeth, Mülheimer Rede*, Berlin/DDR 1984; *Shakespeare Factory 1*,
Berlin 1985; *Gesammelte Irrtümer* 1, Interviews und Gespräche, Frankfurt am Main 1986; *Stücke*, Berlin/DDR
1987; *Der Auftrag, Quartett*, Frankfurt am Main 1988;
Die Schlacht, Wolokolamsker Chaussee I–V, Frankfurt
am Main 1988; *Quartett, Weiberkomödie, Wie es euch
gefällt*, Berlin/DDR 1988; *Shakespeare Factory 2*, Berlin
1989; *Kopien 1*, Berlin 1989; *Kopien 2*, Berlin 1989, »Zur
Lage der Nation«, Interview mit Frank Raddatz, Berlin
1990; *Heiner Müller liest Wolokolamsker Chaussee*,

Toncassette mit Begleittext, Frankfurt am Main 1990; *Gesammelte Irrtümer 2*, Interviews und Gespräche, Frankfurt am Main 1990; *Ein Gespenst verläßt Europa*, Fotos Sybille Bergemann, Köln 1990; *Krieg ohne Schlacht*, Leben in zwei Diktaturen, Köln 1992; *Gedichte*, Berlin 1992.